GRAU:
ESTADISTA Y POLITICO
(Ciencuenta Años en la Historia de Cuba)

COLECCION CUBA Y SUS JUECES

EDICIONES UNIVERSAL. Miami, Florida. 1985

ANTONIO LANCÍS Y SÁNCHEZ

GRAU:
ESTADISTA Y POLITICO
(Ciencuenta Años en la Historia de Cuba)

(Tributo a su memoria)

P.O. Box 450353 (Shenandoah Station)
Miami, Florida, 33145, U.S.A.

© Copyright 1985 by Antonio Lancís
Library of Congress Catalog Card No.: 85-80250
I.S.B.N.: 0-89729-374-6

Portada: Foto del Dr. Ramón Grau
Contraportada: Foto del autor, Antonio Lancís con Grau.

INDICE GENERAL

Prefacio 7

PRIMERA PARTE
De la Universidad a la Presidencia

Capítulos: Páginas

I.   INTRODUCCIÓN 13
     El medio, el momento, el hombre y su doctrina
II. LA REVOLUCIÓN DEL 33 27
     El 12 de Agosto. Planes y ensayos. Gobiernos fugaces. Presidencia.
III. LA CONSTITUCIÓN DEL 40 41
     La primera prueba. La Jornada Gloriosa. Las Vísperas.
IV. EN LA PRESIDENCIA 51
     El Ejecutivo y los Poderes Públicos. La Vida Internacional. El Gobierno. La Administración.

SEGUNDA PARTE
De la Presidencia al ostracismo universitario

V.   CAMBIO DE RUTA 109
     El 10 de Marzo. ¡Balas o votos!. El Político. Elecciones frustradas. El Diálogo Cívico. El fracaso de la tradición democrática.
VI. LA UNIVERSIDAD EN LA TRAMA 135
     El Profesor y la cátedra. Conflictos universitarios. El ejemplo y la imitación. La Autonomía. Los estudiantes y el machadismo. La Depuración. La reivindicación debida.

NOTAS 149
INDICE DE NOMBRES PROPIOS 151
(*Personas, autores y referencias*)

PREFACIO

Algunos amigos y admiradores de la acción notable del Dr. Ramón Grau San Martín como gobernante y político, sin distinguir para ello entre correligionarios u oposicionistas y adversarios en el primer aspecto, y por sostener como punto esencial en lo segundo, la aspiración democrática para la elección de sus gobernantes y la forma liberal de gobernar, me han incitado a hacer algo, para mí imposible, o séase, una biografía del ilustre estadista. Y digo imposible porque la misma ya está hecha y por una persona muy vinculada al Dr. Grau. Como fue escrita en Cuba éste tuvo ocasión de revisarla, al igual que yo que lo hice en dos ocasiones, antes allá y luego, aquí. No podría intentarlo siquiera, aún desconociendo, o ignorando, ese esfuerzo del Sr. Miguel Hernández Bauzá, a quien me refiero, por la falta de los antecedentes que él tuvo a su alcance.

De igual modo, el breve conocimiento personal que yo tenía del Dr. Grau y su escaso trato, antes del mes de octubre de 1944, en que comencé a actuar como Letrado Consultor de la Presidencia, no coincidirían tal vez con los que corrientemente mantenían con él relaciones políticas y lo hacían desde los difíciles días de 1933, hasta once años después en que asumió el cargo de mayor rango de la República. En resumen, que si no puedo aspirar a tanto he de limitarme a exponer impresiones y hechos retenidos en la memoria desde la ocasión indicada, ya que hoy no me es posible disponer de las copias, antecedentes y notas que conservaba en Cuba.

Al cesar en la presidencia, y ratificarme el Dr. Prío en el propio cargo, e indicarme éste que el despacho seguiría en la misma forma, que ya él conocía por su actuación como Ministro durante el gobierno anterior, no eran muchos los momentos de que podía disponer para visitar al Dr. Grau, pues la atención de los asuntos que pasaban por mis manos, eran de cada momento, ya que los hechos, para ocurrir, no se sujetan a tiempo alguno. Era la mía una modesta oficina con un solo taquígrafo-macanógrafo, pero contando además, con el valioso concurso de antiguos servidores de la administración, como los Sres. Cristóbal Muñoz. José Navarro y José A. Milanés, aparte del personal subalterno, regido sucesivamente, en ambos períodos, por los Dres. Julián de Solórzano y Orlando Puente, todos prestos a la colaboración más eficaz, sin límite de horarios, pues en todo gobierno los problemas surgen a cualesquiera horas del día o de la noche....

* * *

De lo dicho no ha de inferirse tampoco que voy a tratar de las famosas «anécdotas de Grau», ya que otro libro con ese contenido también está escrito y pendiente de su publicación. Su autor el Dr. Ricardo Linares, ha hecho una interesante recopilación de las mismas con notas indicativas del momento en que se produjo cada una de esas brillantes manifestaciones de su talento. Ambos libros servirían para conservar fases distintas de la vida y acción de un gobernante que mandaba sin dureza y mantenía sus resoluciones con firmeza, envueltas en sutiles expresiones.

El primero ya tiene señalado un prologuista excepcional, el Dr. Guillermo Martínez Márquez; el segundo el mío, del que en vista de la demora, voy a utilizar algo en este empeño, pues no quiero dejar de decir lo que ya escribí con ese propósito, ni sin expresar conceptos propios adquiridos en su trato personal a través del último cuarto de siglo de su existencia, en que me fue dable apreciar bien de cerca y calibrar la actuación de la figura controversial del Dr. Grau, como estadista y como político, que conserva aún cierto grado de simpatía popular y de reconocimiento de su calidad como gobernante por parte hasta de sus contrarios que, cuando menos, no se atreven a negarle su calidad de máximo respetuoso de los derechos ciudadanos a expresarse y actuar como tales.

En este punto debo aclarar algo en relación con el título que doy a este trabajo, quizá rompiendo la costumbre de estimar que el estadista tiene como pasos previos para llegar a esa calidad de reconocimiento, su acción como político; pero, para mí, en él se dió antes el gobernante que en su momento, dió al gobierno que hizo líneas y orientaciones de tal tino en su sentido y acierto en sus fines, que ya se merecía el que se empezara a considerar esa labor para darle el citado calificativo. Y lo de político vino después, con la acción ciudadana que reclama su acción para mantener en vigencia los principios democráticos que sostuvo en su breve período provisional de gobierno, en 1933.

La participación mía durante su mandato constitucional de 1944 al 48, me dió ocasión para apreciar sus calidades de gobernante, capaz de darles soluciones a los problemas que a diario se le presentaban y de que conocía por razón de mis funciones de letrado consultor.

En la segunda actividad de que después trato, nunca llegué a pensar en tener la participación a que los acontecimientos posteriores me llevaron.

Admirando su labor presidencial, en 1948, al cumplir su mandato, en una sencilla comunicación de despedida, le ofrecía mi colaboración para cualquier otro empeño posterior suyo, sin esperar (eso ni lo pensaba) que fuera en su acción política en la que me viera envuelto por razón de los acontecimientos nacionales, ya que si volvía él a ella, como todo lo indicaba, ya tendría colaboradores con más capacidad en ese terreno para secundarle, como los que nunca antes le habían faltado.

Y así comenzó otro trecho, el último de nuestro trato, que fue haciéndose más constante hasta culminar en lo inesperado para mí, el que me señalara como compañero de su candidatura presidencial en 1954 y 1958.

De esa última fase tengo poco que agregar ahora, pues ya recogí mis experiencias en un folleto dedicado a exponer las vicisitudes de «El Proceso Electoral de 1954», hasta la frustración del empeño por devolverle al país el perdido ritmo democrático con el golpe fatal del «10 de Marzo». En esa batalla el ex-Presidente demostró su interés en conseguir una apertura limpia de la vía comicial para ponerle remedio a la situación creada, por parte de los gobernantes y de los opositores: los primeros, empecinados en mantenerse en el ejercicio del Poder, y los segundos, en alcanzarlo, ambos fuera de los principios civilizados, promulgados por los Estados americanos (OEA) y las Naciones Unidas (ONU), y desconocidos con igual desprecio.

* * *

Como se recordará, en diciembre de 1957, el Dr. Grau San Martín sufrió una caída y tuvo que someterse a una operación, la cual nunca dejó de darle molestias y dolores, lo que no le impidió volver a la lucha por sus principios y concurrir con muletas, a los mítines y a otros actos públicos, hasta en la provincia de Oriente, demostrando, como le dijera a un periodista que le preguntara si no estaría impedido para gobernar por esas dificultades, «que no es con la cabeza del fémur, objeto de su fractura, la que se necesita para gobernar, sino la otra, la de pensar y decidir, que es la que debe usarse para hacerlo y que es la que por lo regular, menos se emplea...»

Estimo que con lo ya expuesto, queda explicado este esfuerzo para dejar escritos recuerdos que en el futuro, puedan brindar elementos de apreciación a los interesados en algo de lo que pasó y de los motivos por qué pasó. Y, en su caso en especial, de lo que hizo un hombre excepcional para el mantenimiento de la democracia en su nación, el bienestar de su pueblo y el respeto internacional de los demás Estados durante el tiempo que rigió el suyo, demostrando ser, como lo califica el Dr. Guillermo Martínez Márquez, «un político valiente, casi temerario, que jamás rechazó los retos de la política y que por ello tiene ya su puesto en la historia de los gobernantes de nuestro hemisferio que han trabajado por la superación de los humildes, sin hacer concesiones a los marxistas, ni culpar al capitalismo».

Al cumplirse el Centenario de su natalicio el propio Martínez Márquez invitaba a «los que le acompañaron en su gobierno constitucional... a divulgar sus conquistas populares» y a ese propósito se deben estas páginas que tienden a exponer recuerdos de la modesta labor que rendí a su lado, en la administración y la política.

ANTONIO LANCIS

New Rochelle, N.Y.
Julio de 1984

PRIMERA PARTE

DE LA UNIVERSIDAD A LA PRESIDENCIA

«El fanatismo tendrá aún sus días, ya sea el fanatismo solapado de los hábiles o el fanatismo violento de la ignorancia. La ignorancia tendrá mucho tiempo sus abismos y la mediocridad seguirá pretendiendo invalidarlo y nivelarlo todo, oponiéndose, sin cesar, a la aristocracia del espíritu, más necesaria a la Democracia que a ningún otro sistema de gobierno».

Dr. Ramón Grau San Martín
(Discurso de Apertura del Curso de 1926-1927, en la Universidad de La Habana)

CAPITULO I

INTRODUCCIÓN

El medio — El momento — El hombre y — Su doctrina

Para la presentación del personaje de que voy a tratar debo comenzar fijando su figura y su acción en el medio y el momento en que se vió envuelto en la vorágine ocurrida en nuestra patria a partir de los turbulentos días finales de 1930, en que se reunían a la protesta política, una situación económica en declive y los intentos de algunas naciones europeas de buscar nuevas soluciones fuera del marco de la estabilidad y el orden, que habían ido dando a nuestro mundo un siglo de progreso a partir del Congreso de Viena, de 1815. La Guerra Europea había sido engendrada por teóricos que creían en el cambio y lo imponían intentando nuevas modificaciones de las fronteras europeas y creando zonas de influencia, y de ese pleito, terminado con el esfuerzo norteamericano, con la guía de un «político de cátedra», con visiones celestiales, el Presidente Thomas W. Wilson, se había producido una situación en que el mundo volvía a buscar otro cambio, esta vez con nuevas ideas, inspiradas en viejas y desechadas formas antiquísimas, envueltas en finos papeles de regalos navideños.

1918 puso fin a la guerra, pero no al conflicto, que iba a reproducirse en activo unos veinte años después. El interregno fue campo de teorías y de ensayos y ya en 1933, cuando llegaron a Cuba, actuaban de consuno el deseo de sanción al «machadato» y los ensayos para un porvenir mejor, la república, en crisis de orden y de estabilidad económica, se vió envuelta en un experimento extraordinario. De pronto el sólido gobierno que presidía Gerardo Machado, y que no se rendiría, según su dicho, «ni un día antes» cayó en medio de una mezcla confusa de conflictos, luchas y otros muchos elementos en que únicamente interesa a nuestro actual propósito indicar que la nación quedó acéfala y sin preparación para bregar con la situación ya que las regulaciones dictadas caprichosamente para sustituir al gobernante que huía, eran tan extraordinarias que ni con una presunta modificación *legal* podía cubrirse el cargo ejecutivo del Estado, en una forma aparentemente normal, y empezaron los ensayos de los que, para fijar su estado, haremos una breve síntesis previa de cómo se hacían los mismos y como los gobiernos cambiaban en días, o en horas en ocasiones, hasta llegarse a cierta estabilización, demasiado formal si se quiere; pero en cuyo proceso se respetaba como meta, la de volverse a la forma democrático-representativa, mediante comicios, en cuyo desenvolvimiento no vamos a entrar ahora, pues nuestro actual objetivo es presentar dentro de ese cuadro, la acción excepcional de la figura que nos ocupa.

* * *

En el amplio salón dedicado a su recibo de amistades personales y políticas, que mantenía en su residencia de la Quinta Avenida, el Dr. Ramón Grau San Martín, había un magnífico cuadro, en su pared principal, debido al pincel del gran paisajista cubano Domingo Ramos. En él aparecía una amplia casa con aspecto de las construcciones guajiras y a su derecha, en el campo, un niño acompañado de su negra sirvienta, Coteya, si mal no recuerdo.

La imagen de ese cuadro vino a mi mente cuando en una de mis visitas a Miami oí diversas versiones sobre la fecha en que se cumpliría un siglo del nacimiento de aquel niño, en ese sitio de La Palma, en Consolación del Norte, en la provincia de Pinar del Río, y el que después fuera el notable médico y profesor universitario, Dr. Ramón Grau San Martín, quien en momentos difíciles fuera llevado al Gobierno de la nación como Presidente de la República.

Sobre la fecha de su nacimiento había dudas en los opinantes, aunque noté conformidad en los mismos sobre la del día 13 de septiembre como la de su natalicio, mas, no así, en cuanto al año que su sobrino Ramoncito, al que los allegados estiman como el «cronista social de la familia», señalaba que fuera en el año 1881, mientras otros, parientes y amigos, dudaban y mantenían ser la del año siguiente, 1882, la fecha real, y hasta encontré algunos que sostenían ser la del año 1887 o 1889, ya bastante alejados éstos de la que siempre tuve como exacta, o sea, la de 1881, que acabó por aceptarse, y que es, también, la que aparece en el Apéndice Oficial del Diario de Sesiones de la Convención Constituyente de 1940, que él presidiera.

Cuando nace un niño no es posible imaginar siquiera cual será el rumbo definitivo de su vida, ni a qué altura llegará, ni en qué abismo podrá caer. De manera, que, aplicando ese criterio, nadie podría predecir que aquel niño que al crecer mostraba ser débil, y de joven enfermizo, llegaría a ser un hombre de tanta fortaleza moral y que luchara tanto para defender el derecho humano a la dignidad plena del hombre.

De aquella zona salió para hacer sus estudios en la Capital, para seguir la carrera de medicina, que ejerció luego, con singular éxito y aspirar, más tarde, a una cátedra en la que, según se decía entonces, era un profesor incapaz de aprobar al que no lo mereciera, actitud que no es grata a los alumnos malos aunque en el fondo le hiciera alcanzar la admiración que inspira todo hombre que cumple a plenitud sus deberes.

Sus condiciones le llevaron, pues, a merecer un nombre profesional y docente, y las circunstancias a sacarle de su ámbito, para conducirlo al gobierno del país, y más tarde, a la política, que Martí calificara «de inmediata», para servir a su patria.

Asombro produjo su designación como uno de los integrantes de la fugaz «Pentarquía», disuelta cuatro días después de establecida, y que a él le confirieran el pesado encargo de volverse a la forma democrática de gobierno en un período de desajustes y de batallas interesadas por la conquista del poder.

Como mi actitud personal fue siempre la de un espectador sereno, más que la de actor, no entendí entonces, su designación primera, como integrante de la nueva Comisión, escogido por la parte estudiantil del movimiento que acabara con la tibia interinatura del Dr. Carlos M. de Céspedes, aunque en mi opinión, ello demostrara que el juicio interno de los estudiantes sobre sus maestros no era el que se oía a los que no podían salir airosos en sus empeños de aprobar las asignaturas, independientemente de sus conocimientos.

Ocupó en ese trágico momento la presidencia interinamente. Como comentaba él alguna vez, años depués, algunos de los mejores hombres, o tenidos como tales, se negaron a la colaboración, aunque no le faltaron quienes los suplieron con uno u otro criterio.

Un solo acto de entonces fijó mi atención en su calidad y fue el día, en que apenas transcurridos cuatro meses, abandonara el poder, sin tratar de seguir en el mismo, como es corriente en los llamados a decidir esas situaciones. El pueblo lo despidió con nostalgia y a su regreso lo recibió con entusiasmo y manifestaciones, y para los que entonces seguíamos el fenómeno de lejos, nos parecía extraño que, además de lo señalado de su renuncia al gobierno, frente a la crítica general, las impertinencias de algunos diplomáticos, las deslealtades de unos subordinados y la situación creada a su alrededor, el pueblo no olvidara su breve, pero intensa acción, y que fuera así que se le uniera hasta conseguir devolverlo al gobierno de la nación en unas elecciones inobjetables, debidas a circunstancias que causaron asombro a propios y extraños.

Y así iba a empatar su labor de gobernante a que se contrae este breve exordio. A mis momentos de mero trato ocasional que alguna vez he relatado, siguió una colaboración más intensa cuando fui designado, al inicio de su gobierno, en 1944, Letrado Consultor de la Presidencia, función de índole técnica, desde la que me fue posible ir calibrando de cerca su calidad de verdadero estadista, que en su concepto más simple lo es, para mí, el hombre capaz de entender las cuestiones que a diario se presentan al que ocupa tan alta función y de darles salida airosa a las mismas haciendo una obra de utilidad para la nación y para su pueblo. Y eso, lo logró.

Claro, que al resolver un asunto, no es posible satisfacer a todos los involucrados en la cuestión, pero, sí se justifica la calificación dada al que provee, si lo hace con evidente espíritu de la justicia relativa que es dable hacer a los humanos, y de tal forma, que al final lo dispuesto quede sembrado profundamente en el alma popular.

No es ocasión de volver ahora a algunas de mis observaciones en ese terreno, de que he publicado algo y menos conociendo que algunos de sus simpatizantes, aparte de los ya citados, preparan otras publicaciones de su vida, por lo que he de referirme a ella limitado a los aspectos en que mantuve mi trato, con experiencias que me permiten poder insistir en la calificación que le doy de verdadero «estadista», a aquel niño, nacido hace más de una centuria, y la misma, no como un concepto de halago, sino el juicio de una observación corriente mantenida en mis labores de colaboración durante su gobierno, así como la de «político», cuando a su lado me ví envuelto en esa actividad, no obstante haberme hecho el propósito, cumplido hasta ese instante, de no volver a ella, después de ingratos recuerdos en mis inicios.

En definitiva, quien surgió en forma inesperada y espontánea, y alcanzó tantos éxitos en el gobierno, conduciéndolo con sabiduría en el medio existente, abandonó su vida profesional para rendir esa tarea y luchó por mantener, dentro y fuera de la nación, la defensa de la dignidad y la libertad de los individuos y los derechos del hombre a disentir, hay que reconocerle que su lucha fue siempre sostenida dentro de los moldes de la civilidad. Hoy, a los quince años de su muerte, siempre se le recuerda en su acción niveladora y en sus métodos sencillos para mantener a su pueblo con un bienestar generalizado y a su nación mereciendo el respeto y la consideración de los pueblos civilizados de nuestro mundo.

Su obra pública la concreto en dos palabras: estadista y político. Y fijado el momento en que nacen esas actividades, el medio en que se desarrolla y la forma en que lo hace han de ser los recuerdos que trace en las páginas que siguen, bordeando otros ensayos más elaborados, limitados al tiempo en que lo traté en una u otra condición.

* * *

En mi primera visita a la ciudad de Miami, principal asiento del exilio cubano, sin otro objetivo por mi parte que el de saludar a parientes y amigos de los que había estado alejado por más de diez años, pude comprobar la honda huella dejada en el pensamiento cubano la obra excepcionalmente humana del doctor Ramón Grau San Martín.

Y siendo notoria mi vinculación personal con aquel, durante el último cuarto de siglo de su vida, primeramente como letrado consultor de la presidencia de la República que ocupó de 1944 a 1948 y, posteriormente, en su lucha por devolver al país al ritmo institucional que había contribuido a establecer con su acción política, era natural que con frecuencia, fuera interrogado por propios y extraños, sobre los últimos tristes momentos del ex-Presidente, que cumplió su palabra de dejar en Cuba, la sola «herencia de sus pobres huesos».

Su huella en el acontecer cubano fue de tal naturaleza, que el interés por conocer esos detalles no era sólo de los que alguna vez estuvieron junto a él, sino también de los que fueron sus adversarios en la lucha política, siendo unánimes los comentarios sobre su calidad humana. Me soprendió, por otro lado, la mención bastante frecuente de su nombre, o de simples frases suyas, que sin estar registradas como una «propiedad intelectual» todos los cubanos saben quien las creara, hasta formar lo que se llamaría más tarde el «decálogo auténtico.»[1] Me hizo gracia, por ejemplo, ver la mención al pie de dos fotos de una revista de pequeño formato y de carácter meramente social, que en ambas se reprodujeran frases como la de «cinco pesos en el bolsillo» o la de «las mujeres mandan» utilizada esta última, también, en una entrevista por el notable artista cubano Jesús Alvariño, para explicar por qué en la sigla de su nueva empresa anteponía la primera sílaba del nombre de su esposa a la del suyo. Y, repito, en ninguno de esos casos se mencionaba al creador de las mismas, aunque puestas entre comillas, se señalaba propiamente que no eran de sus redactores, aparte de que, por otro lado, ¿quién dudaría de que ambas fueron acuñadas con palabras y hechos por el gran estadista?

Un día, un alumno, de la Escuela de Derecho, de la Universidad de la Habana, me pidió que le hablara al doctor Grau para que recibiera a una personalidad americana que había ido a Cuba, por su propia cuenta e inspiración, según decía, para apreciar las condiciones, juzgar el medio y calibrar de paso, a las personalidades políticas del país, entre las cuales, claro está, tenía que ser incluido el Dr. Grau por su significación pública. Si no recuerdo mal, el interesado se llamaba Mr. Boris Stanfield. La entrevista fue celebrada al filo del anochecer en el portal interior de su residencia de la Quinta Avenida, en Miramar.

Después de los corrientes tópicos generales y de obtenida su venia para hacerle algunas preguntas, consumido ya el tema obligado de las circunstancias que entonces se vivían en el país, la pregunta que pudiéramos decir calificadora de su indagación fue la siguiente:

—Doctor, ¿podría decirme brevemente cual es su filosofía política?

La rápida respuesta del doctor Grau fue bien sencilla, le dijo:

—No podría decirlo exactamente, pues más bien yo sólo soy un modesto biólogo que aplica los principios que conoce a los problemas políticos.

Y es indiscutible que quien quisiera considerar los «momentos estelares» (para usar una calificación, que Zweig aplica a la humanidad) de su actuación, lo vería proceder de acuerdo con las más elementales nociones de la vida, siguiendo la máxima filosófica: «primero vivir; luego filosofar».

Por eso, fracasaron a mi juicio, quienes pretendieron hacer del Dr. Grau en 1933, un «comunista», o un «antiamericano», como sencillamente se pensaba en esa época, o posteriormente, un «socialista» porque adoptara normas que algunos denominados así predican, y que no siguen cuando llegan al gobierno. En definitiva, ni al Dr. Grau, ni a otra persona alguna, se les puede colocar una etiqueta determinada como si se tratara de un frasco de medicina, o de indizar un libro en un catálogo, o de poner un documento en un archivo.

Su cultura, según me fue dable apreciar, era la de una persona formada por la época que el gran historiador italiano Guillermo Ferrero considera la más hermosa de la humanidad, aquella que corre desde 1815, con la celebración del Congreso de Viena, que puso fin a la hegemonía napoleónica, y produjo la que él llamara la «reconstrucción de Europa», iniciando los principios de la «legitimidad democrática», hasta 1914, en que se desató la guerra europea, convertida después en la generalmente llamada I Guerra Mundial. La cultura se había generalizado bastante, aunque no fuera tanto en su sentido horizontal como en el vertical, pero la medida de ella de un país, en esa época, podía apreciarse bien por las citas de pensadores y poetas que solían hacerse y que me recordaban las de otros contemporáneos que con frecuencia había oído en mi mocedad, a personas de ese tiempo. Lo que aquella guerra representó de retroceso en el desarrollo de la humanidad, ha sido expuesto por muchos escritores contemporáneos y tratarlo no es de este sitio.

El doctor Grau era un lector infatigable (siempre tenía un libro a su lado) y un pensador; sabía apreciar los acontecimientos todos con un juicio propio, discernir sobre sus circunstancias y decidir, cuando era llamado a ello, con precisión y buen juicio. Hijo de la delicada cultura finisecular, le oía un día, establecer claramente, el principio que se observaba entre aquella época y la presente que se vivía, cuando en la intimidad de varios amigos, y planteado el caso, él, siguiendo el curso de lo que se trataba, lo resumió en estas breves palabras: «Sí, la diferencia es la de José Antonio Saco, a Ñico Saquito», fijando en esa frase la enorme diferencia entre aquel pensador cubano, a quien podía aplicarse la calificación dada a otros con igual derecho, de «estadista sin Estado», y la del cantante popular de esos días.

Había, además, en ese momento, cierta polémica tratando de definir su filosofía política y colocarlo en alguna de las casillas conocidas, terreno en el que no coincidí con ninguno de los criterios formulados al respecto, porque, en realidad, yo que durante algún tiempo tuve que estudiar las doctrinas políticas y sociales, había llegado a una conclusión un tanto ecléctica sobre la materia, ésto es, que no he conocido un sólo régimen del que pueda deducirse que es enteramente una cosa o la otra. En todos los sistemas hay matices y aristas diversos y cuando se quiere estar más en lo cierto, hay que seguir el método propugnado para la enseñanza por el gran educador cubano, don José de la Luz y Caballero, que puede ser aplicado en todo terreno, incluso en el político: «todos los sistemas y ningún sistema, he ahí el sistema».

Y de tal eclectisismo participaba, a mi ver, el pensamiento político del doctor Grau; pero, además, adicionando a los métodos conocidos, ideas y creaciones propias, generalmente inducidas de los pensamientos más simples y sencillos.

Conocía por su cultura histórica, el desenvolvimiento de la humanidad y tenía una fina percepción para captar un punto interesante de cualquier asunto. Recuerdo en este sentido que encontrándome en Madrid, y ya próximo a salir de regreso, ví en la vidriera de una librería, un libro que por el título[2] me pareció que podría interesarle y que finalmente, me determinó a adquirirlo, después de hojearlo, la idea de que él lo apreciaría por su contenido y no lo consideraría ridículo por su bajo precio, para un obsequio. Y, en efecto, se celebraban a la sazón unos programas de TV, que dirigía la doctora Emma Pérez Téllez, distinguida profesora universitaria, y en el cual el público, sin limitación alguna, podía interrogarlo libremente, pues el programa se denominaba «Pregúnteselo a Grau». Con esa invitación, uno de los presentes lo hizo sobre la bomba atómica y los peligros de la posible destrucción de la humanidad toda por el uso de la misma en algún conflicto entre las potencias que las fabrican, sorprendiéndome la cita que hiciera del libro y de uno de los directores del proyecto, que dijera, como él también esperaba, que la humanidad actuara debidamente, repitiendo la frase de ese personaje: «yo tengo fe, a pesar de todo».

Esa última frase fue después varias veces mencionada por él con algún énfasis en ocasiones apropiadas, y con una entonación especial que seguramente escapaba a la comprensión de la mayoría de sus oyentes, pero que yo apreciaba de una significación extraordinaria y que coincidía con su acción política. Sólo con una fe así podía lucharse, como él lo hacía en un medio como el nuestro.

Mas, volvamos a lo que considero una imposibilidad de encuadrar su actuación y pensamiento político en un casillero determinado. Por desconocerse algo de lo expuesto, o por ignorarse el sentido de sus resoluciones, algunos le juzgaron equivocadamente, colocándole marbetes que como ya dijimos, no le correspondían en realidad. Al respecto, durante esa primera visita mía a Miami, fui testigo de una controversia entre dos ex-legisladores auténticos, uno de los cuales le daba la calificación de «socialista»; el otro, reaccionó negándolo, y agregando a sus argumentos el de que atribuirle tal condición al doctor Grau, aparte de impropio, era para los cubanos, «como decir una mala palabra».

Invitado por Armando García Sifredo a expresar mi opinión al respecto, repetí para el periódico que entonces dirigía, unas palabras que ya había escrito antes, sobre la cuestión en debate: «Considero una imposibilidad el encuadrar su acción y su pensamiento político en un casillero determinado. Varias veces le oí ésto que pudiera ser el contenido de su filosofía sui generis: no cabe duda —decía— de que hay razas; no cabe duda de que hay clases sociales; no cabe duda de que hay intereses; pero, las razas no existen para pelear, las clases sociales para combatirse y los intereses para no entenderse; por el contrario, existen como realidades y su deber es el de colaborar entre sí. De ahí —concluía yo— que posiblemente estuviera más cerca de la célebre doctrina denominada «solidarista» que proclamara y defendiera en Francia, a principios de siglo, el gran estadista León Burgueois, que de ninguna de las doctrinas llamadas socialistas, que parten del supuesto hegeliano, de que el desenvolvimiento de la humanidad es el de los conflictos constantes. Por eso, él, durante su gobierno, nunca provocó la lucha de clases, sino la coordinación de las mismas; ni el antagonismo racial, sino la humana comprensión del caso y en la lucha de los intereses, trató de conciliar los más encontrados», para terminar afirmando que «en ese manejo de guiar la solidaridad de las clases, el entendimiento de las razas y la coordinación de los intereses económicos de nuestros pueblos con los demás, estaba la base de su verdadera filosofía personal con manifestaciones y logros propios de los más diversos», de los que hablaremos posteriormente.

En una ocasión, Ricardo Linares que me visitaba con frecuencia, me exponía sus razones para no coincidir enteramente con mi calificación. Lo escuchaba con atención; pero, enemigo como soy de las discusiones, no insistía en combatir su criterio, muy respetable para mí, como toda opinión ajena. Pero, parece que quedándole criterios al respecto, poco después me escribía (el 2 de septiembre de 1980) diciéndome: «Me voy a permitir insistir con usted lo que de viva voz hablamos en New Rochelle. Cuando usted dió su opinión en Miami, acerca del 'solidarismo' de Grau el momento era eventual y no adecuado para hacer ubicaciones doctrinarias. En aquellos días, por *circunstancias* políticas que fueron concomitantes al Congreso Auténtico auspiciado por Carlos Prío y Suárez Rivas, este último afiliaba a Grau como un socialista, intentando fundamentar la afirmación en las célebres conferencias de Grau en Panamá. Arturito, para contradecir a Don Eduardo, dijo entonces no me acuerdo qué barbaridad».

Desde luego, que Linares mantenía un criterio, propio de la época. Yo mismo he escrito que aquí, en los Estados Unidos, el sistema socialista es el predominante, hasta el punto que alguna vez escribí que se hacía «un comunismo a la americana», en que partiendo de su lema económico, de «dar a cada uno según sus necesidades», se observan planes, o «programas», que tratan de poner en la práctica el principio dicho. En una palabra, cuestión de perspectivas...

* * *

Y al mencionar a Linares no puedo dejar de referirme al tema del humorismo, ya que resultaría imposible e impropio, hablar del Dr. Grau sin decir algo sobre ese espíritu suyo, que todos apreciaron como manifetaciones de su ingenio.

Yo esperaba que en una interesante serie escrita por Alvaro de Villa, pasara también a tratar del humorismo de los hombres públicos, no muy frecuente por cierto, ya que, llegados al gobierno, parecían tomar las cosas con seriedad. De manera, que tales manifestaciones solían citarse no tanto por su sentido, sino por su rareza, en ciertos gobernantes o aspirantes a serlo. Por ejemplo, se citaba una de ese tipo y de índole educativa, dirigida por el Gral. Mario G. Menocal a un joven visitante; sobresalía la del Gral. José M. Gómez, al contestar una declaraciones de «Gerardito» (se refería al Gral. Gerardo Machado) o la muy famosa del telegrama del Gobernador de Oriente, el Crel. Rafael Manduley del Río, al entonces Presidente Menocal, ante los hechos que se sucedían en aquellos días.

Ahora bien, en ese terreno también hubo de la política otros que adquirieron buena fama, y a tres de los cuales he de citar por ser los que me vienen a la mente mientras escribo: los Dres. José A. González Lanuza, Orestes Ferrara y Ramón Grau San Martín. El primero, ya la tenía desde antes de entrar en la política y en que barajaba sus sabias manifestaciones jurídicas con los que se llamaban «los chistes de Lanuza». El Dr. Ferrara tenía otro estilo más duro, ésto es, de un grado mayor de ironía, y el tercero, hizo más frecuente uso de su ingenio, en sus respuestas, por lo que es de tal modo recordado, que aún en nuestros mismos días he visto escritores, como Rosendo Rosell y el citado Alvaro de Villa, citando algunas de sus frases, aunque este último con sentido de responsabilidad, estimaba que cierto tipo de humorismo no debía practicarse ya con los fallecidos, citando entre ellos a los ex-Presidentes Grau, Prío y Batista. Y si vamos a hacerlo es tomando al primero como sujeto activo de sus manifestaciones.

Todo lo escrito va dicho para recalcar que el humorismo fue fuente que explotaron más bien los caricaturistas desde la época colonial, tomando a los políticos como sujetos pasivos de las anécdotas. Incluso, de la Madre-patria puede citarse el «Anecdotario Político» de Don Claudio Sánchez-Albornoz y hasta las apreciaciones de D. Manuel Azaña, en sus notas publicadas posteriormente, al serle ocupado su archivo particular. De Cuba, con igual título, el de Víctor Vega Ceballos sobre los tres Presidentes de la Constitución del 40 (Batista, Grau y Prío).

Desde la presidencia parece, sin embargo, difícil resultar humorista, aunque sí son buenos sus titulares para los caricaturistas. A Batista nunca lo traté, a Prío sí, desde joven, pues lo tuve, al igual que a su hermano Paco, en mi aula de la Academia de Derecho. Carlos no tuvo nunca la veta humorística de sus otros hermanos, Paco y Antonio. Con Paco iniciamos los entonces jóvenes, las primeras manifestaciones de la política práctica y era él el que siempre tenía una frase feliz, un chiste, en la más seria de las ocasiones. Con Carlos mi trato posterior, fue durante su presidencia y, claro está, que la ocasión no era para hacer chistes. Y al tercero vine a conocerlo, ya en Palacio, donde su primera presencia, lo fue con un cordial saludo de presentación, pidiéndome que olvidara su posición oficial para nuestro trato y desde ese momento, cada visita suya, de tarde en tarde, era de una conversación en que se producía con frases ingeniosas, aún para las situaciones más serias y preocupantes, en las que siempre salía airoso.

Como se ve, hubo en nuestra tierra practicantes de ese género en la política, entre ellos, sobresalientemente, el Dr. Grau que lo utilizaba, a veces, para «romper el hielo», enfriando una discusión, o «bajándoles los humos» a los propiciadores de hacer fuegos.

No es de extrañar, pues, que por razón de mi trato personal, mis impresiones más recordadas sean hoy las del Grau, a quien, no obstante esa facilidad para el cultivo del humorismo, no lo ví manifestarse en esa forma cuando se trataba de asuntos de gobierno, en los que actuaba con máxima responsabilidad y estudio. De ahí que me haya parecido que debía referirme más bien a su capacidad para desenvolver el gobierno con habilidad, sin perjuicio de diluir, con frecuencia, las críticas más severas e injustificadas con una frase feliz que, por lo general, se calificaba como uno de «los chistes de Grau».

Quizá, por eso, al redactar este trabajo, me vino a la memoria la vieja lectura de un libro, en boga hace años, «La Risa», de Henri Bergson, en que se hacían distinciones sobre la categoría de los motivos de la risa y así se me ocurre decir, con los recuerdos lejanos de aquella lectura, que si bien la ironía es la característica con que más se le recuerda y que más se le atribuye, merecía hacerse previamente algunas distinciones entre el humorismo, la sátira y el chascarrillo, en su caso, y expresando mi juicio lego sobre la cuestión, estimaba que en él era la forma irónica la predominante, y que a través de su conocimiento más íntimo, llegué a considerar que, como definición de la misma le era aplicable la que hacía de ella uno de los personajes de Benavente: «la ironía es el llanto de los que no saben llorar...»

Y ese juicio mío lo forjé por las veces en que le oí recurrir a la misma para no mostrar una desilusión profunda, dolorosa espiritualmente, que en otra persona, sin su temple, hubiera arrancado lágrimas. En su interior me parecía advertir una actitud parecida a la que refería Adlai Stevenson, después de la victoria de su contrincante, Eisenhower, cuando al responder a una pregunta periodística, dirigida a saber cómo se sentía con su derrota, le contestó al reportero con estas palabras: «voy a decírselo con un cuento de Lincoln. Decía éste una vez, que un carpintero se lastimó una mano con el martillo y alguien le hizo la misma pregunta suya, aquel le contestó: ¡sí, me duele mucho; pero soy demasiado hombre para llorar!..»

Como tratamos del ex-Presidente no está de más recordar que fueron algunas las veces que le escuché referirse a la impresión imborrable que dejara en su espíritu una bella copla, que parecía aplicable a su vida misma, en lo humano. Contaba él: «estando una noche en París, fuí al teatro a presenciar una función en la que se presentaba la gran artista Raquel Meller, entonces en el apogeo de su gloria como tal», y se refería luego a la sensación con que le oyó cantar una romanza que recitaba con emocinado tono:

> Yo soy un pobre juglar
> que va sembrando alegría
> en donde nace un pesar
> y tanta llegué a sembrar
> que me quedé sin la mía.

* * *

Al cesar en la Presidencia mi trato se hizo poco frecuente, pues habiendo continuado en la Consultoría de Palacio, pocas eran las oportunidades que tenía de visitarlo, pues aquel era un trabajo de tiempo irregular en su horario, aunque en simples visitas de cortesía mantuve el contacto con el ex-Presidente hasta que, usando su frase «caímos en el barranco», con la que definía la situación creada. Entonces volvió a la lucha, que yo seguía a distancia con mi hábito de observador, hasta que, quizá si recordando mi oferta de la despedida en 1948, me requirió para que le ayudara en los trámites de la reorganización de su partido, que tomara a su cargo, buscando el restablecimiento del ordenamiento constitucional perturbado del pueblo cubano. Traté, siguiendo mi costumbre, de colaborar en silencio con una persona por la que sentía admiración y a la que debía gratitud por muchas demostraciones de afecto, algunas de las cuales otros hubieran calificado de diverso modo. Manifiestos, gestiones y consejos sobre la materia electoral (que era a la sazón la Cátedra a que mis compañeros me habían confinado) me dieron la oportunidad de un trato casi diario y de la charla enjundiosa de que disfrutaba. Yo eludí, hasta donde me fue posible, figurar en cargos de la organización, o como aspirante a uno electivo, aceptando sólo ser un colaborador en su gestión hasta el día en que sorpresivamente, me vi postulado para la posición de Vicepresidente, junto a él, para integrar la fórmula nacional del Partido. En la forma en que se produjo el hecho, yo sabía que ese honor (que en eso sí lo tuve) era debido a su indicación; sin embargo con su acostumbrada fineza me expresó que era debido a los jefes provinciales, a alguno de los cuales ni siquiera conocía yo.

En definitiva, y para no extender demasiado esta introducción, mi conclusión es que supo mantener en el gobierno una línea de acción dirigida a proporcionar a la población toda de la Isla, aquel principio que tanto se celebra y que figura en la Declaración de Independencia, de los Estados Unidos, o sea, la de respetar y mantener a los hombres «ciertos derechos inalienables, entre ellos, el de la vida, la libertad y la obtención de la felicidad». Pudiera sintetizarse su labor diciendo que cada determinación suya estaba inspirada en el criterio de Benjamín Bentham, de «conseguir el mayor bien posible para el mayor número».

* * *

Sin embargo, no debo dejar fuera de mi labor, alguna mención a su calidad de estadista recurriendo a otra opinión mía antes expresada sobre su capacidad de acción en el campo internacional.[3] De «Estadista previsor» lo calificaba recordando el voto opuesto por Cuba a la creación del Estado de Israel, sin que se acordaran medidas para asegurar la paz en la región, que sigue perturbada después de más de treinta años. De notable, su iniciativa de mantener viva la discusión sobre el tema de los «derechos humanos», que en varias ocasiones he traído a cuenta, citando en su mérito el elogio hecho por uno de los delegados cubanos que figuraba en la representación nacional, designado a título de técnico, es decir, sin vinculación política con el Presidente, que no lo era ya en los días en que se refería a su labor. De sagaz, el manejo de sus relaciones con el «Coloso del Norte», durante su gobierno constitucional, en el trato de las cuestiones azucareras y de otros problemas comunes, manteniendo incólume el principio de la soberanía nacional. De feliz iniciativa de su gobierno, el acuerdo sobre la «agresión económica», al que se le dió el nombre de Doctrina Grau, la que luego ha habido otros gobernantes que han querido presentarla como iniciativa propia. De excepcional valor jurídico fue su oposición al reconocimiento de veto a los «*grandes* de la ONU», por estimarlo contrario al principio de su fundación, etc., etc.

Y como el gobierno no es, en definitiva, sino una parte de la política, algo que me sorprendiera desde el inicio de su actuación pública fue su capacidad para apreciar las circunstancias. Su renuncia, en 1934, fue la primera indicación para mí, de su visión política; después, su labor estuvo dirigida a conseguir el imperio del sufragio libre, por el que lucha a veces solo, hasta ver coronado su esfuerzo con la «jornada gloriosa», sorprendente aún para muchos de sus parciales, con lo que demuestra algo que también he expresado anteriormente, o sea, que sus mayores éxitos los alcanzara cuando es un jefe político que triunfa en comicios libres en 1944, sin que fuera en verdad «un caudillo como José Miguel Gómez o Menocal, ni un líder militar como Batista, ni un nimbo de gloria como Don Tomás». Y ahora puedo agregar que también fue el suyo el único caso en que le sustituyera un candidato de su mismo Partido, en la Presidencia, y cuyo triunfo fuera reconocido.

* * *

Y con estas consideraciones genéricas sobre el personaje de nuestra historia, vayamos a los hechos y su acción en los mismos.

CAPITULO II

LA REVOLUCIÓN DEL 33

El 12 de Agosto — Planes y ensayos — Gobiernos fugaces — Presidencia interina

El «12 de Agosto» fue, como todo movimiento revolucionario triunfante, pródigo en hechos extraordinarios, pues los revolucionarios, en Cuba, como en otros pueblos, suelen hacer buenos planes para «tumbar al gobierno» que combaten, pero meditan poco sobre la forma de restaurar el sistema que fue alterado por el régimen derrocado. No quiero decir con ésto que los líderes de los distintos grupos no hubieran pensado entonces en la cuestión, sino que utilizando una crítica primaria, solo veían los defectos y faltas que atribuían tanto al gobernante usurpador como a la forma de gobierno imperante, la misma a que se volvió después de pruebas distintas y de ensayos diversos.

Primeramente, hubo, desde luego, el ensayo restaurador; se pensó en un tránsito suave hacia la Constitución de 1901, maltratada en tal forma que ya no era reconocible en sus virtudes, sino mal estimada en sus fracasos, y de los que no era culpable en realidad. Machado había pretendido, pudiéramos decir *inocentemente,* evitar los peligros de una sustitución suya *no legal,* a su modo de ver la legalidad; por eso fue necesario que al abandonar el país, se intentara con la mentalidad legalista del Embajador Welles, mediador entre «cubanos», que lo mejor sería mantener «la forma constitucional» en un momento en que lo más combatido era la *Constitución reformada.* El Congreso realizó una simulación de reunión para modificar la Ley del Poder Ejecutivo, de modo que no fuera necesario ya el término previo de treinta días en el cargo de Secretario para sustituir al

Presidente, interinamente. En tal virtud, si fue poco feliz la fórmula para hacer la anterior reforma de 1928, impugnada como base de la revuelta, más lo sería la falsa modificación hecha para lograr que el Gral. Alberto Herrera, antes jefe del Ejército, y al que se culpaba de complicidad con el régimen en fuga, fuera, de momento, el sustituto, y lo siguiera otro, al no ser aceptado aquel, volviendo al campo de la discusión la búsqueda del que pudiera serlo, también *legalmente*, y aceptado por los diversos *sectores* que se discutían los honores del triunfo. La figura escogida lo fue el Dr. Carlos Manuel de Céspedes y Quesada, hijo del «Padre de la Patria», hombre de cultura un tanto europea, veterano, diplomático de carrera y señalado en casos anteriores como el individuo capaz de llenar el cargo para que fue nombrado a virtud de la reforma ya mencionada del artículo 8 de la Ley del Poder Ejecutivo. Buena fe, méritos personales, deseo de acierto y otras calidades no se le negaban al ilustre personaje, pero, hay que reconocer, que no era el más apropiado para el difícil momento y su gobierno fue el primero de los gobiernos fugaces de aquel período confuso de nuestra historia.

* * *

Céspedes abandonó el poder en forma sencilla y elegante según han referido algunos presentes en el acto. Recibió a la comisión que se encargó de informarle lo que estaba pasando, inquiriendo él qué sectores eran los representados por la expresada comisión, oyendo con parsimonia la enumeración de ellos hasta mencionársele el ejército en que de modo cortés, dió una vuelta y se retiró como un actor cumplido su papel en la obra. Y de allí surgió un intento novedoso para algunos, aunque ya se hubiera ensayado en la historia, en Roma, en Francia y en otras ocasiones siempre con el mismo resultado de que después de poco tiempo los triunviros acaban por ceder ante uno de ellos, lo mismo que años después, los cónsules ante el Primero, y en todos los casos, como ocurrió entonces en Cuba, se vuelve al gobierno unipersonal, que en este caso no lo fue por un dominador entre los pentarcas, sino uno de éstos, que como los otros cuatro que integraron el gobierno provisional colegiado, carecían de antecedentes de acción política.

La Pentarquía, que fue el nombre que se le dió al novedoso ensayo, en verdad creó más confusión que la ya existente, pues lo que se inició en el ejército, fue algo parecido a lo que una vez se llamó en

España, «un motín de pagas y subsistencias», y pudo denominarse entonces, en Cuba, «de gorras y polainas», que se convirtió en una verdadera revolución en un momento propicio para los ensayos.

El nuevo gobierno con el nombre dicho, quedó integrado por personas todas de buenos antecedentes: José Manuel Irisarri, al que se le atribuye la adopción del sistema; Porfirio Franca, personalidad del mundo bancario y social; Sergio Carbó, periodista de fuste, quizá el único de ellos con actuación política, terreno en el que siempre fracasara, al igual que en el campo periodístico, ya que si colaboró intensamente con sus periódicos (La Semana y Prensa Libre) a la caída de Machado y de Batista, ni la revista, ni el periódico citados sobrevivieron mucho tiempo después. Los otros dos integrantes de la famosa Pentarquía fueron dos profesores universitarios, los Dres. Guillermo Portela, de Derecho, y Ramón Grau San Martín, de Medicina; ambos eran de los que tenían fama de exigentes («duros», en el argot universitario) en sus calificaciones de los exámenes y, por lo tanto, estimados por muchos de poca simpatía en el sector estudiantil.

Los integrantes de dicha Junta debían proceder mediante acuerdos, en reuniones; cada uno de ellos tenía, además, asignado el despacho de dos de las Secretarías entonces existentes, excepto el Sr. Franca al que sólo se le dió la de Hacienda. Y faltando evidentemente acuerdo para la designación del Jefe del Estado Mayor del Ejército, el Sr. Carbó, atribuyéndose la facultad para ese nombramiento como un simple acto del despacho, nombró al Sargento Fulgencio Batista para el citado cargo, luego de haberlo ascendido a Coronel, acto el citado, que junto a otras dificultades produjeron la renuncia de todos los comisionados o pentarcas, excepto el Dr. Ramón Grau San Martín que pasó a ser designado Presidente provisional.

Ese novedoso ensayo duró poco; si nació el 4 de Septiembre, de una reunión en Colombia, fue disuelto seis días después, en que se volvió al sistema presidencial con la designación del Dr. Grau.

La devolución del sistema presidencialista, así como la desaparición del novedoso ensayo anterior ocurrían cuando aún no habían transcurrido treinta días de la caída del régimen *machadista*. Nada de lo dicho es desconocido de ningún cubano de aquellos días, ni de muchos de los actuales; pero es conveniente detenerse a considerar, por lo menos, lo poco apropiado de aquel intento, así como la consecuencia inmediata de las dos designaciones hechas: la del Dr. Grau como Jefe del Estado, en tanto el nuevo Jefe del Ejército era ascendido al rango de Coronel, que sería «en lo sucesivo» el grado máximo en la escala militar, pero que adquiría con ello un papel de importancia, como la contraparte, en el drama latente de la confusa situación cubana.

Con el nombramiento presidencial y la acción del nuevo Ejecutivo se abrió paso a la llamada «revolución auténtica». Como en todo proceso revolucionario no suelen ser los líderes más destacados los que pasan luego a desempeñar los cargos de más responsabilidad y a guiar al país en su desarrollo. Y así sucedió en Cuba, en que las dos posiciones de guías correspondieron a dos hombres, ninguno de los cuales, cualquiera que fuera la acción que hubiera realizado en el proceso activo anterior, aparecía como uno de los jefes del mismo. No necesita decirse que esos dos hombres son los antes citados: el profesor universitario y médico famoso, Dr. Ramón Grau San Martín y «un sargento llamado Batista», taquígrafo del Ejército. Ambos tuvieron un breve momento de coincidencia, acabando por ser seguidores de distintos rumbos y modos en el liderazgo que pasaron a desempeñar.

Y, claro está, como el primero es el personaje de nuestra indagación, dejemos por el momento a un lado al segundo hasta que algún hecho merezca devolverlo a la escena en el papel debido.

* * *

El llamado a sustituir la desechada forma colegiada de gobierno, como queda dicho, lo fue el Dr. Grau San Martín, del que dice el Dr. Rafael Esténger que no era entonces un estadista, apreciación que seguramente deducía de su alejamiento anterior de toda actividad política partidaria y de la intensidad de su labor profesional, con la que ocupaba uno de los primeros lugares en la fama médica de aquellos días. Algo que sí debe señalarse es que el reconocimiento de la calidad de estadista es siempre más bien un juicio de la historia, aunque también podemos convenir en que de inmediato comenzó a dar muestras de una extraordinaria capacidad para apreciar las circunstancias de todo tipo, en cada momento, y de poder por ello darle salida airosa a la candente cuestión social, con medidas que adquirieron calidad institucional, y ya no desaparecieron mientras subsistió la República, con más o menos fortuna. No voy a tratar, pues, de momento, de ese y otros aspectos de su breve gobierno, ya que, posteriormente he de volver al tema, sobre todo a partir de 1944, en que comencé mi trato oficial con él. De modo, que en aquella época yo resultaba un mero espectador, aunque deba decir que por mi inclinación marcadamente civilista, mis simpatías se inclinaban hacia el Dr. Grau, profesional y profesor universitario y sobre todo hombre eminentemente civil, lo que no quiere decir que no observara en su oponente cierta capacidad para el mando y en ambos, no obstante las diferencias señaladas, la permanencia de cierto sentido de tratar de devolverle al país una forma democrática de gobierno en lo que a la elección y términos de duración de los mandatos se refiere; pero, con diferencias básicas en lo que al modo de alcanzar el poder y de ejercerlo se trata, cuestión a la que hemos de volver oportunamente.

Mas, retornando al curso de la historia, debemos citar a Enrique Lumen, periodista mexicano que vivió aquellos instantes, y que publicó después un interesante libro en que pudo omitir alguna crónica, como una que años más tarde me comentara alguien y en la que dicho periodista relataba su primera visita a Palacio, donde fue admitido sin grandes averiguaciones y conducido a un salón en que estaban reunidas muchas personas que hablaban entre sí. Creyó que se trataba de un salón de espera un tanto informal, y viendo transcurrir el tiempo, se decidió a preguntar a uno de los presentes, cómo ver al Presidente y el interrogado le dijo: «ahí lo tiene usted», señalándole al Dr. Grau que estaba apoyado en la esquina de la mesa presidencial rodeado de varios jóvenes. Sus impresiones posteriores y sus juicios y opiniones los recogió en su citado libro de crónicas, aunque quizá omitiera algunos otros detalles.

Pero, el gobierno del Presidente Grau también fue fugaz; para ser un tanto exacto, duró unos ciento treinta días, llenos de tribulaciones, ensayos, leyes, decretos y resoluciones, encaminados a darle cauce a la cuestión social latente en las entrañas del país y una salida democrática a la situación política. Como me decía un político muy vinculado a él, el Dr. Grau supo de ese modo, «sembrar muy profundamente y en buen surco», pues, aunque combatido por todos lados y por casi todos los *sectores*, cumplió dos propósitos muy señalados en el campo político, que fueron: su convocatoria a la Constituyente que había ofrecido, y su renuncia al cargo provisional a que las circunstancias le habían llevado. Para mí, tuve como lo más notable de ese breve período el corto documento que con el nombre de «Estatutos», promulgó para el gobierno de la nación y su relación con los ciudadanos. Y de ese documento estimé como más notable aún, su artículo 5, en que declara con toda lealtad, «que incurriría en verdadero delito si abandonase las seguridades del poder a las aspiraciones tendenciosas», por lo que *podría* «someter los derechos individuales a un régimen de fiscalización gubernativa», ofreciendo dar cuenta de ello después a la Asamblea Constituyente, cuya convocatoria fue anulada al ser sustituido su gobierno por el del Corl. Mendieta. Sin embargo, en ese punto se diferenció de todos los demás, revolucionarios o pseudo-revolucionarios, que luego de estar en el gobierno, con disposiciones falsamente llamadas *constitucionales,* hacían una larga lista de los «derechos individuales» que después suspendían, modificaban a capricho, o incumplían simplemente... Fue, sin embargo, una opinión muy generalizada la de que el Presidente Grau en ese terreno, respecto a la libertad ciudadana, había extremado la tolerancia, lo que no era extraño en un hombre que tenía gran respeto por la personalidad humana y que entendía que los males de la libertad se corrigen con más libertad..., norma que también siguió en su período constitucional de 1944 a 1948.

Fue combatido en todos los terrenos, incluso con movimientos violentos, pero los venció con su entereza de carácter y su habilidad para manejar las dificultades. Mantuvo su gobierno frente a la intervención de los embajadores americanos, las deslealtades de miembros de las Fuerzas Armadas, la oposición de esos que mantenían «aspiraciones tendenciosas» y, al fin, se retiró voluntariamente, siendo despedido por una manifestación popular de extraordinaria espontaneidad, hasta su casa en el Vedado.

Los mismos sectores que le habían designado, trataron de mantener su preponderancia en ese punto y escogieron para sustituirlo al que había sido su Secretario de Agricultura, el Ing. Carlos Hevia, persona de buenos antecedentes revolucionarios y de actuación serena, cuyo gobierno fue más fugaz todavía, ya que sólo duró unas cuantas horas, pues dividida la vieja tendencia revolucionaria en dos líneas: civilista una y militarizada la otra, ésta, predominando de hecho, cedió ante la opinión de «los entendidos» y las no siempre sutiles indicaciones del Sr. Embajador americano, e hizo que en tal virtud, fuera designado un Presidente provisional, que si también fue un tanto fugaz, su gobierno tuvo mayor duración y merece por eso la mención de ese otro momento de tránsito, en que el designado, el Corl. Carlos Mendieta, acabó por abandonar el poder ante las quejas formuladas sobre la parcialidad de su gobierno en el proceso electoral de 1936.

* * *

La política, al menos en la forma corriente en que se la entiende, consiste en mantener una aspiración hasta que se llega a lo deseado, y eso es cierto en todas las latitudes, de lo que son ejemplos Richard M. Nixon, en los Estados Unidos, y Alfredo Zayas, en Cuba, y en cierto grado también, el Corl. Carlos Mendieta, aunque de éste pudiera decirse que más que un aspirante en sí fue entonces, impulsado por los acontecimientos. En 1916, fue impuesto por el público presente en la Asamblea, como candidato vicepresidencial con Zayas, no obstante ser otro el indicado para ese cargo en los acuerdos previos adoptados.

En 1924, se disputaban la candidatura presidencial del Partido Liberal, el Gral. Gerardo Machado y el Corl. Carlos Mendieta y Montefur. Ambos aspirantes tenían condiciones políticas totalmente opuestas: Machado cultivaba su terreno; Mendieta, por el contrario, y como ha expresado el Dr. Orestes Ferrara (que con él y Enrique Villuendas formaron el grupo que en la guerra del 95 fue conocido como el de «Los Tres Mosqueteros») «era un hombre bueno; pero estaba dotado de súbitos impulsos y de una fuerza hercúlea» y que como Menocal, agregaba, «no tenía ningún interés en las cuestiones políticas».

Mas, a nuestro objetivo lo que más interesa es su labor de gobierno, tan lleno de buena fe de su parte, como de inconsistencia, salvo en un punto: darle salida democrática a la situación política imperante, en la que, como dijera el Ing. Carlos Hevia, su predecesor en el cargo, «los problemas los creaban los sectores inconformes que hablaban del vicio de origen y mantenían un continuo estado de alarma», que nunca fue tan patente como en aquellos días en que imperaba la violencia, tan propicia a engendrar la situación de que solía culpársele, no tanto por su acción en sí, como por su debilidad para contenerla, ni por evitar los avances de las fuerzas armadas en la lucha abierta.

Su primer deseo, o de sus colaboradores, fue tratar de superar las medidas de carácter social dictadas por el gobierno provisional del Dr. Grau San Martín. En ese sentido produjo un *programa* de acción, en que llegó a hablarse de la inamovilidad laboral, que la Secretaría del Trabajo aplicó luego como una medida *legal* y sobre la que el propio Presidente Mendieta, en vía de alzada, expuso que la disposición referida «no declaró realmente la inamovilidad, sino que ordenó que se estudiara su posterior regulación». Y de la misma falta de determinación en materia legislativa del gobierno, pudiera citar muchas más, pues ya lo hice en un trabajo más extenso que dediqué a esos cambios, y el que vio la luz en la Revista Cubana de Derecho (enero-marzo de 1936) a que me remito. En el mismo no dejé de mencionar curiosidades tales como la de darles la denominación de «Constitucional», al Ejército, al igual que a la Marina, cuando no regía ninguna Constitución. En tal virtud puede afirmarse que la vía del ensayo era tan frecuente que una medida que se decía «inspirada en la experiencia», duraba poco y volvía a restablecerse la de antes en vigencia...al día siguiente.

Incluso, en el ámbito internacional, hubo celebraciones cuando se firmara el discutido y confuso tratado sobre la Enmienda Platt, ocasión que supo aprovechar el gobierno americano para cubrir el cambio de destino de las carboneras y para legalizar la extensión *de hecho*, que mantenía en la zona de Guantánamo. Sin embargo, una de las láminas finales de la obra de D. Manuel Márquez Sterling sobre ese tratado, que capta el momento en que Cordell Hull firma el convenio, y que culmina el proceso, según aquel declara, no es otra cosa que el cumplimiento del acuerdo de la Conferencia Panamericana, de Montevideo, celebrada en 1933, durante el gobierno provisional del Dr. Grau San Martín, que envió una delegación altamente capacitada que consiguió el referido acuerdo.

Sin embargo, puede afirmarse que Mendieta fue un hombre de buena fe en el propósito que quiso darle a su gobierno de tratar de devolverle al país su ritmo constitucional mediante elecciones que pretendía que fueran libres, lo que las circunstancias impedían. Así en 1934, dictó una Ley *Constitucional*, de corta vigencia, pues el estado social imperante, llevó al gobierno a suspender las garantías *constitucionales* y hasta a suprimir la misma *ley* citada, ante la llamada generalmente «huelga de marzo», de 1935. Se dispuso, entonces, el cierre de la Universidad, el toque de queda para los ciudadanos, la supresión de la inamovilidad de los empleados públicos, etc., y todo ello aplicado con las desorbitaciones extralegales, propias de una situación como aquella. Sin embargo, él, como Presidente, era el que promulgaba *leyes* y más *leyes* en ese sentido, pero, de las que nadie le consideraba autor, sino que más bien se le acusaba (y aún se hace por los que se refieren a aquellos días) de una debilidad que sirvió para el fortalecimiento del régimen militarista que prevaleció por algun tiempo más en Cuba.

Dicho texto *fundamental* fue sustituido por otro en 1935, con nuevas disposiciones electorales para unos comicios aplazados, y celebrados finalmente, ya sin su presidencia, pues después de cambios trascendentales, y alteraciones de la legislación dictada para ese evento, se hizo necesaria la presencia de un técnico americano, Mr. Harold W. Dodds, que en pocos días dictaminó en el sentido conveniente a la tesis mantenida por el gobierno, consolidando la candidatura del Dr. Miguel Mariano Gómez, frente a la del Gral. Menocal, que acusando al Corl. Mendieta de parcialidad hizo que éste renunciara en demostración de su deseo, en cierta forma logrado con su sacrificio, de encauzar a la República por la senda constitucional aún cuando para ello faltara algún trecho, que se limpió un tanto con la celebración de las elecciones que permitieron después, el proceso hasta la Constitución de 1940.

* * *

Lo sustituyó el Dr. José Agripino Barnet, su Ministro de Estado, del que poco puede decirse en el proceso en marcha. Formado en la vida diplomática, cubrió discretamente su función hasta su cese al entregar el poder al Dr. Miguel Mariano Gómez, escogido por las circunstancias para el desmpeño de la Primera Magistratura de la nación.

* * *

En 1936 se celebran esas elecciones irregulares con las que al fin, Cuba parecía haber alcanzado su ideal democrático: en lo formal, bien cubierto. Teníamos un Presidente «elegido» por el muy conocido sistema del voto «preferencial» («voto convoyado», según la calificación popular), proclamado por un Congreso, producto del mismo sistema, juramentado ante los Sres. Magistrados del Tribunal Supremo e investido en la forma tradicional en aparatosa ceremonia; pero, latente en la realidad, el poder real de un ejército mandado con miras en un fin particular, al que el nuevo Presidente parecía no tener en cuenta, y sin habilidad para manejar la situación, se desenvolvía además en el cargo con lentitud y vacilaciones indiscutibles, tratando de imponer su recto criterio, aunque el momento no pareciera el más propicio para intentarlo siquiera.

En su interior estaba el deseo de devolverle al poder civil todas las prerrogativas de su rango, frente a un poder militar que había desarrollado de hecho, algunas actividades de cierto valor, si se tienen en cuenta los instantes que se vivían entonces en nuestra nación, entre las que figuró una, de poner al frente de un plan de la enseñanza general a un sector de las fuerzas armadas.

Miguel Mariano quizá pensara que era bastante su acto de reconocer el símbolo del sistema, declarando con el Congreso, como fiesta nacional, el 4 de Septiembre. Pronto se convenció de que la diferencia no era de símbolos, sino de médula, y anunció con adelanto, que vetaría el proyecto citado como lo hizo al conocer del mismo. Ese veto fue anulado por el Congreso, pero la Cámara de Representantes no se conformó con ello, sino que recurrió a la acusación (el «impeachment» norteamericano) y el juicio político le resultó adverso. El Presidente destituido se retiró dignamente hacia su domicilio para pasar la Noche Buena en unión de su familia, privado ya de su investidura.

Los hechos le dieron al fin, la razón. Grau, hecho ya un político experimentado, no había concurrido a aquellos comicios, manteniendo su propósito y su lema de «Constituyente primero; elecciones después», y cuando llegó a acordarse la Constitución del 40, aunque ésta le diera cierto reconocimiento a la célebre bandera multirrayada del 4 de septiembre, en definitiva, y no obstante no ser más que el símbolo de una asonada militar, estableció en sus normas que «toda enseñanaza pública tendría que estar bajo la atención del Ministerio de Educación», reconocimiento del justo criterio del ex-Presidente Gómez, como le fue hecho patente póstumamente, en un acto celebrado en el Palacio Presidencial, bajo el gobierno del Dr. Prío Socarrás.

El hecho, aparentemente sin relación con el personaje central de nuestros recuerdos viene a cuento, pues en alguna ocasión he señalado que aquel acto *injusto* de su destitución tuvo alguna significación beneficiosa para la República, ya que en vez de haberse acudido a la costumbre, que al decir del Dr. Dana Montaño, «mantiene la inestabilidad política en la América Latina», se usaron formas civiles y el acatamiento de ellas y su sujeción a un procedimiento preestablecido (principio perennemente sostenido por el Dr. Grau San Martín tanto en lo nacional como en el terreno internacional) permitieron hasta llegar a aplicarse fórmulas *legales* adecuadas y contribuir a salir del conflicto con una prórroga de sus poderes al Dr. Laredo Brú que lo sustituyó, en un período iniciado con la protesta que se le hizo a Machado por un acto igual, iniciado en la Universidad. Esta, que viera con calma e indiferencia el injusto *juicio* y la destitución del Presidente Gómez, recibía unos quince días después, con evidente regocijo, la legislación sobre autonomía universitaria (de 7 de enero de

1937) que reproduciendo casi las disposiciones primitivas de 1933, dictadas por el Presidente Grau San Martín, permitió que dicho Centro se reabriera, después de su cierre en 1935 y comenzara a desenvolver su tarea docente...

* * *

A todo humorista suelen atribuírsele más anécdotas de la que en realidad creaba o repetía. Tal puede pensarse del gran humanista Dr. José Antonio González Lanuza, de fama proverbial en ese campo. A él se le asignaba la creación de la frase de que «Cuba era el país de la viceversa» y pudiera estimarse así en el caso de la interinatura surgida al cese del Dr. Miguel Mariano Gómez, como presidente, en aquel período de transición, ya que fue, finalmente, de cierta normalidad, debida, quizá, a la capacidad del Dr. Federico Laredo Brú al que correspondió, en su condición de vicepresidente, sustituir al destituido.

Escogido en aquella ocasión para compañero de candidatura de Miguel Mariano, es de pensar que no estuviera muy seguro de ser llevado tan rápidamente a la presidencia, ni de merecer después, una prórroga de varios meses para contribuir con su actuación mesurada e inteligente, a que la vida republicana se dirigiera por cauces más serenos, hasta 1952.

Aunque su gobierno en sí no es lo que más interesa en estos apuntes, tuvo dificultades de todo tipo, y su principal inconveniente, quizá fuera el del ejercicio del mando frente al poder de hecho imperante. Sin embargo, fue cosa que parece haber manejado hábilmente y de modo que le permitió terminar su gobierno en una forma bastante normal, que las circunstancias permitían, aunque hubiera de prescindirse hasta de la proclamación congresional del designado para sustituirlo en 1940, coronándose el proceso electoral con una «ley-remache» como en otros casos.

Su acción, sin embargo estuvo más bien dirigida a darle salida a la cuestión electoral, donde también imperaba una lucha de intereses, y en la que él, con entrevistas, conversaciones con sus allegados, gestiones y consejos, fue llevando a todos a una zona de común entendimiento hasta llegar a plasmar un código «de emergencia» para los comicios de 1939 y otro más complejo, para la elección de la Asamblea Constituyente, que elaboró la «bien burlada» y muy invocada después, Constitución de 1940.

Pudiera afirmar, que no hubo otro Presidente que vetara más proyectos de leyes que él; y que sólo en unos cuatro casos sus vetos fueron reconsiderados, uno de ellos, y el de mayor trascendencia, el de «los bonos de obras públicas» y sus *anexos*. En ese sonado asunto el pago había sido suspendido durante el gobierno provisional de Grau y los americanos plantearon su cobro en repetidas ocasiones, hasta lograr obtenerse del Congreso la mayoría necesaria para convalidar la famosa deuda de los días de Machado. La tesis del Dr. Hernández Cartaya, como Secretario de Hacienda, había contribuido a crear la fórmula para que no se tratara de un «empréstito», sino de una deuda; pero lo cierto es que la operación seguía pendiente de liquidación, y era muy discutida. Dos comisiones, una del gobierno y otra de los interesados, debatieron en sendos informes el asunto; mas, como los votos mandan en definitiva, fue aprobado el pago, que se extendió a otra obligación distinta, en lo que basaba el Presidente Laredo el veto del acuerdo anterior, que el Congreso reconsideró en una votación sobre la que mucho se habló, tanto en la forma de conseguirse la misma, como la de liquidarse finalmente las deudas.

En el terreno electoral, el Presidente Laredo vetó otro proyecto legislativo sobre la materia, al par que propiciaba, con buen juicio a mi ver, que se tomaran acuerdos previos entre los interesados en la contienda próxima. Con ese propósito se realizaron múltiples gestiones hasta obtenerse un mínimo de coincidencias que, al fin, abrieron el camino a la tesis auténtica, de «Constituyente primero, elecciones después», en tanto el término presidencial se acercaba a su fin y se afirmaba la convicción de que el Dr. Grau no iría a ninguna elección hasta haber obtenido que previamente se hubiera alcanzado un sistema de garantías que descansaran en una Constitución. Intentos, proyectos y gestiones concluyeron un acuerdo, en que intervinieron, como imprescindibles, los líderes del momento. Había, sin embargo, un inconveniente que parecía invencible, y era el de que varios legisladores tendrían que cesar (y se negaban a hacerlo) al entrar en vigor una Constitución que regularía los nuevos términos de los cargos que estableciera. Eso, me decía una tarde, el jefe auténtico, era en el fondo, «una cuestión de pesos y centavos» y la República no podría detenerse en ese punto. De ahí, la integración futura del Congreso con legisladores de un término prorrogado, como había sucedido en 1909, al restablecerse la República, después del cese de la Intervención americana. Para ese ajuste de la situación, Grau accedió y se celebraron las elecciones de la Constituyente, de la que someramente haremos un análisis en el próximo capítulo.

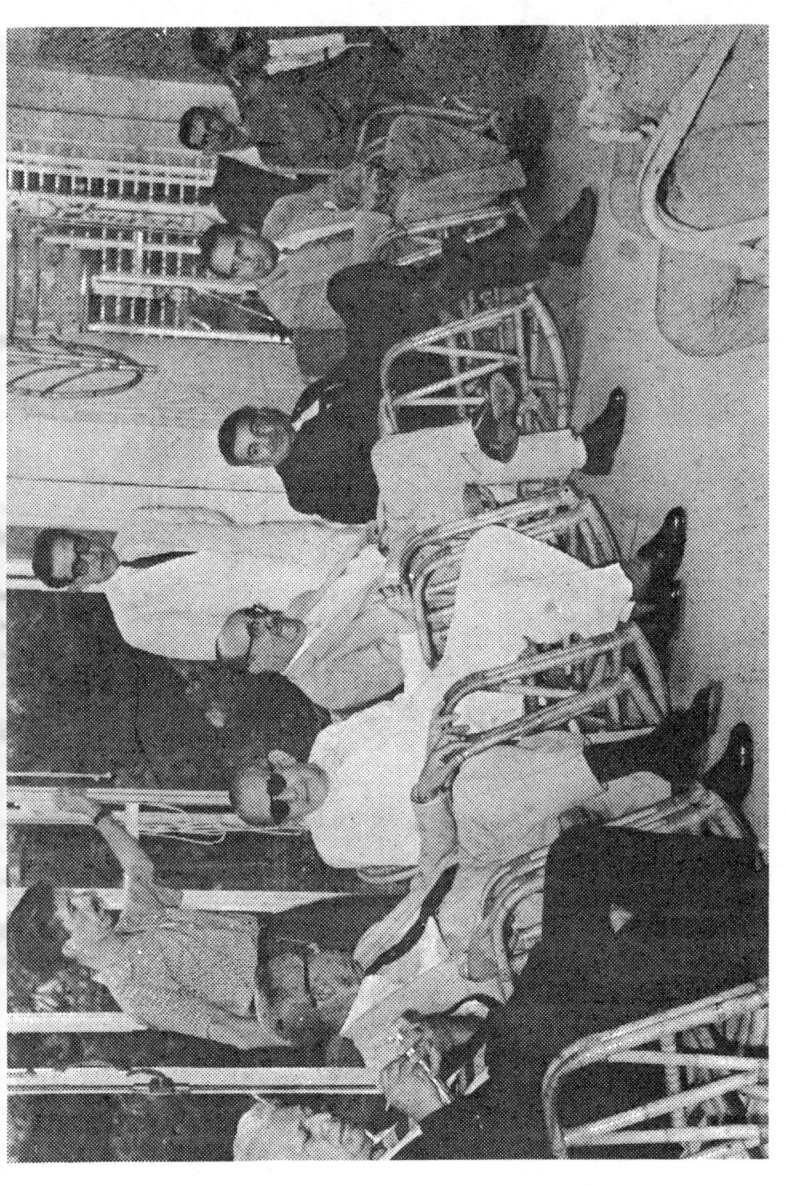

GRAU DURANTE UNA DE SU DIARIAS TERTUALIAS.
ENTREVISTADO POR GUSTAVO HERRERO DE EL PERIODICO EL PAIS

CAPITULO III

LA CONSTITUCIÓN DEL 40

La primera prueba — La Jornada Gloriosa — Las vísperas

La lucha armada terminó en 1933, pero no hubo un ajuste adecuado de la situación; durante siete años imperaron sistemas provisionales, en que las reglas del «juego limpio» se olvidaban, o se cambiaban a capricho, y el triunfo era hijo de ambiciones e intereses...

El pueblo de Cuba, decía yo en una ocasión, siempre tuvo una fe ciega en los instrumentos formales, y de tal manera, que en todo el período que va desde el 33 hasta 1940, únicamente se perseguía por los planes políticos y los intentos oficiales, llegar a la adopción de una constitución.

En la composición de la Asamblea Constituyente entraron miembros de todas las tendencias y de toda calidad de pensamientos, desequilibrio de fuerzas, que sirvió para darle un tono de indecisión a sus acuerdos, sujetándose, como diría el profesor Mirkine-Guetzevitch, a las «nuevas tendencias constitucionales», es decir, siguiendo, como una mujer la moda de los modelos más recientes, sin percatarse de que tales cambios no habían dado los resultados esperados en los países en que se ensayaron; es más, que hasta habían fracasado ya en la fecha en que se adoptaron en Cuba como nuevos y valiosos.

La Asamblea Constituyente de 1940, no logró una obra muy notable en la redacción del texto fundamental, ya que éste no fue más, al fin y al cabo, que una compilación de las doctrinas más variadas, y contradictorias a veces, sobre casi todos los puntos controvertidos, producto de que en los integrantes de aquella reunión figuraban representaciones de las más diversas tendencias.

Bastará agregar que el señalamiento de un plazo breve para unas discusiones tan espectaculares y con auditorio tan extenso, dado el uso de la radio, fueron evidentemente otros errores, que hicieron que se buscaran interpretaciones para prorrogar ese plazo y que, finalmente, se promulgara y firmara su texto sin haberse discutido muchas de sus regulaciones y hasta alguna de éstas aparecieran en forma distinta a la acordada, como ocurrió con el precepto referente a la sustitución de los gobernadores, por ejemplo.

Pero su obra política, muy superior a la legislativa, tuvo el acierto de abrir el curso, o de «darle salida», como se decía en Cuba, a la situación creada por un aspirante con poder, que sólo podría vencer mediante la adopción de un sistema especial de votación para los comicios de 1940, cosa que permitió, sin embargo, y en cierto sentido, encauzar la vida pública del país, en lo que influyó también en ese logro, el carácter del candidato derrotado en dicho año, el Dr. Grau San Martín. Ningún otro político en Cuba, (quizá pudiera excluirse de esa generalización al Dr. Alfredo Zayas), tenía una visión tan clara como él, y admitido aquel sistema de elección, que de antemano podía llevarle a una derrota, se cuidó, por su parte, de evitar que tal cosa pudiera repetirse y, por eso, las normas propias del régimen constitucional futuro proscribían posteriormente su empleo.

Aquella Asamblea, en la práctica, resultó un foro político que resolvió atinadamente la cuestión inmediata, recurriendo para ello a adoptar dos sistemas opuestos de elección: uno, transitorio, para los comicios de 1940, y otro para los posteriores, con lo que se le daba solución al embrollo existente entre las dos tendencias principales que se disputaban el poder en aquella ocasión.

A ningún político se le escapaba que al mantenerse el voto preferencial o selectivo, en 1940, los partidos coaligados obtendrían el triunfo, independientemente de la popularidad de los candidatos. Vino la transacción, primó el «Acuerdo de las Magistraturas», regulador de las elecciones de 1940, que estableció el método electoral que le convenía al que se declaró triunfante en la prueba.

Sin embargo, no bastó el sistema para producir un resultado *indiscutible*. Se acercaba la fecha de la toma de posesión del entonces Crl. Batista; la fiesta ya estaba organizada y los recursos seguían su camino, hasta que se adoptó una *ley* que suplió hasta la forma de la proclamación del Congreso, sustituido por el Tribunal Superior Electoral.

* * *

Mas, cuando uno escribe sobre la historia, debe hacerlo solamente con el ánimo de fijar los hechos, *sine ira et studio* como quería el clásico, y de ahí que deba expresar, como aclaración previa, que nunca tuve ocasión ni siquiera de ver al sargento Batista, desde su aparición en el escenario político hasta su retirada del panorama nacional. Podría decirse de él, que fue hijo de las circunstancias, debidas éstas a un momento de dificultades y un ansia general de cambios en la consideración de los problemas mundiales, que Francesco Nitti describía en su libro, «Europa sin Paz», pues aún terminada la primera guerra, toda la gente andaba sin paz, ni rumbo, cuando en 1939, se reanudaba una segunda guerra mundial, y Cuba tenía al año siguiente al frente de su gobierno, al todavía Coronel Batista. En la nueva fase de esa guerra entraban, dos años después, los Estados Unidos, y Cuba, como casi toda la América Latina, seguía al hermano mayor en potencia.

El Estado cubano tenía una nueva Constitución, un gobierno *elegido* en la forma expuesta, y un candidato derrotado, que apenas se produce ese estado de guerra, se prestó, como durante la guerra anterior proclamara un periódico de Londres, a «no crear más dificultades que las de suyo confrontase el país.» Esa actitud no fue tomada en su recto sentido por algunos correligionarios que llegaron a una colaboración directa con el gobierno, que el líder auténtico no estimó adecuada.

El ámbito del Poder Legislativo se amplió en forma extraordinaria por la Constitución vigente, por lo que, aparte de las funciones adecuadas a su misión, ésta se vio extendida a la regulación de las libertades públicas (nacidas como ilegislables en su noción primitiva). Todos los derechos individuales de la Constitución de 1901 y algunos más que se añadieron, quedaron en la nueva, sujetos en su definición y alcance, a lo que el Congreso dispusiera, por medio de una «ley», ya que no era el concepto propio de tales derechos, el que prevalecía en sus normas, con lo que la libertad individual pasó a una segunda categoría y la actividad legislativa fue la definidora de su eficacia y efectos, lo que unido al «estado de guerra», autorizaron la promulgación de medidas reguladoras de la capacidad ciudadana, al igual que en otras áreas. Normas excepcionales permitieron adoptar también medidas, como la de los presupuestos extraordinarios y la promulgación de los Acuerdos-Leyes que le dieron facultades especiales al gobierno que las dictaba. Esos fueron los poderes que pudo, de hecho, asumir en su gobierno, el ya General Batista, manteniendo la paz (octaviana, o a su estilo); pero que era la fuerza que contenía las aguas desbordadas, y les daba curso hacia su propio predio, de manera, que Ferrara, indiscutible maestro de la política, sostuvo que era de temerse que esa defensa del orden terminara en lo que, en definitiva, vino a ser, una situación en que el mismo estado de guerra le permitió la adopción de medidas encaminadas a mantener las turbulencias dentro de límites tolerables.

Puede admitirse que su gobierno tuviera hasta un propósito de acierto en todo, tomando como una de sus primeras medidas la de definir el ámbito de la autonomía universitaria con un decreto muy elaborado, para aquietar a la «Colina Sagrada,» que llamara Vasconcelos. Claro, que el propósito de acierto no basta para logran un fin, sobre todo cuando la visión personal nubla el acontecer y se adquiere la creencia de que se es insustituible para gobernar a una sociedad libre. Mas, en aquella ocasión primó el principio de la democracia, siquiera lo fuera en un aspecto formal, y el Congreso acordó un nuevo Código Electoral, en 1943, que adquirió tal fama que hasta el profesor argentino, Segundo V. Linares, lo insertó totalmente, en un apéndice de su obra sobre la legislación electoral argentina, como un modelo.

Se mantuvo, sin embargo, frenado por las circunstancias, el espíritu «continuista» y paso a paso, el grupo gobernante tuvo que decidirse por escoger a otra persona para oponerla a la candidatura indisputable del Dr. Grau San Martín, que con la habilidad de un político de fondo, tenía ya en forma definitiva, una Constitución, con la garantía que estimaba apropiada para el triunfo que obtuvo en 1944: la «regla de oro», de que el voto presidencial habría de ser directo.

* * *

A los cuarenta años de efectuados los comicios de 1944, a los que el entonces líder auténtico Eddy Chibás dió el nombre de la «jornada gloriosa», podemos recordarlos con la misma nostalgia con que unos y otros lo hacemos hoy en el exilio. Acudamos para rememorar lo sucedido a la descripción hecha por Conchita Castanedo que expresa que «el pueblo, estallando de júbilo, como un reguero de pólvora se extendió por toda la Isla. En La Habana, la gente se botó a la calle.... Las multitudes parecían no cansarse y poco a poco, los techos de los tranvías estaban abarrotados, los autos lo mismo, y llenos por dentro, los camiones se sumaban a la gente de los barrios, que iban de uno a otro; las banderas cubanas en profusión, los saludos sin militancias, ni discrepancias, y del día pasamos a la noche, sin que supiéramos de muertos, ni de heridos, ni de cuchilladas, ni de asaltos, ni robos, ni violaciones. ¡Bendito 1ro. de junio de 1944!».

Pero, la trascendencia del hecho rebasaba las manifestaciones populares, ya que lo que se celebraba en el fondo, era la ocasión extraordinaria, a virtud de la cual el líder militar gobernante iba a entregar, meses después, el poder a su contrincante político más destacado, gesto de civilizada convivencia en que mucho influyó la calidad del candidato derrotado, el Dr. Carlos Saladrigas y Zayas, cuya apariencia era la de un político inglés del siglo pasado y su actuación la de un americano de esos propios días. El hecho de la elección para la primera magistratura de la nación del Dr. Ramón Grau San Martín, mereció que la contienda electoral del primero de junio de 1944, aún se recuerde como modelo de una práctica democrática efectiva y que, por antonomasia, la calificación que le diera Chibás haya permanecido en el pensamiento cubano, como ejemplo seguido por los gobiernos auténticos en los comicios posteriores de 1946, 1948 y 1950, últimos de ese tipo efectuados en Cuba.

Aquel fue un acto de verdadera reafirmación de las instituciones democráticas. Emil Ludwig, en su libro «Biografía de una Isla», describe el hecho, diciendo: «En la parte del segundo día, todo estaba decidido. Batista había rechazado toda mixtificación del sufragio, y había consolidado con ello una victoria moral, que ponía muy alto la reputación de Cuba, y modificaba fundamentalmente la opinión europea sobre las elecciones latinoamericanas. Dejando que su ex-Primer Ministro fuera vencido, Batista prestó un servicio incalculable al prestigio de todo el Continente con esa decisión que pudo alterarse por medio de la violencia...»

El candidato derrotado, doctor Carlos Saladrigas, y el triunfante Dr. Ramón Grau San Martín, fueron al Palacio Presidencial y se abrazaron en presencia de la multitud». En verdad, fue un espléndido espectáculo que, como señala Ludwig, tuvo características e implicaciones muy notables, que hicieron pensar y decir al distinguido escritor que «la democracia tenía muchísimo más valor cuando se practicaba por un hombre que comienza como autócrata. La derrota de Batista —concluía— era su mayor victoria». Y ¡ojalá! es de pensarse, que no hubiera abandonado la práctica...

No hay que negar las conclusiones a que llega el distinguido escritor, pero tampoco conviene olvidar otros elementos que sirvieron para la obtención de ese triunfo de la democracia, en Cuba.

En primer término lo dispuesto en el artículo 98 de la Constitución de que «el voto se contará única y exclusivamente a la persona a cuyo favor se haya depositado, sin que pueda acumularse a otro candidato, salvo en los casos de cargos de representación proporcional»; de manera, que el «voto acumulado» quedaba proscripto para el futuro, con lo que parecía ya desterrado de las prácticas electorales el método del «fraude legal» que en los comicios de 1936 y del 40 fueron base de los resultados antes tratados. De ahí, la importancia de la defensa hecha por el Dr. Grau San Martín, hasta obtener que las reglas futuras de carácter electoral, de la nueva Constitución, fueran distintas, y de garantías absolutas, como se demostró, tal vez hasta con sorpresa para muchos de sus propios partidarios, en aquella contienda de 1944.

También tuvo notoria influencia la actuación de un distinguido abogado, el Dr. Manuel Fernández Supervielle, delegado del Partido Auténtico ante el Tribunal Superior Electoral. Sin estridencias y trabajando con la habilidad y mesura que le eran habituales, obtuvo de dicho Tribunal unos acuerdos, cuya trascendencia no pudo ser apreciada de inicio en su efectividad: el conteo previo de los votos presidenciales y el escrutinio público e inmediato ante el público. De tal modo, la misma noche de la elección, se hizo notorio el triunfo del Dr. Grau San Martín, y de su candidato a la vicepresidencia, el Dr. Raúl de Cárdenas, notable abogado y político de destacada actuación pública.

Pero debe reconocerse de igual modo, que sin un Tribunal como aquél, presidido por el íntegro Magistrado, Dr. Francisco Llaca Argudín, y lo dispuesto para dar tales efectivas garantías, ese logro no se hubiera alcanzado. Dichos acuerdos se aplicaron íntegramente en aquella ocasión, en toda la República.

Años más tarde, cuando se discutían los términos para la contienda de 1954, tuve la ocasión de destacar la importancia de aquellas medidas, aún cuando en cierto modo, decía yo, «pudiera entenderse que tales reglas violaron entonces la legislación aplicable, al dividir el acto del escrutinio», pero ellas sirvieron para producir un espectáculo, como diría Martí, «de hombres» y obtenerse la normalización constitucional; mientras que la negativa del mismo Tribunal (ya con otra integración) a proporcionar en 1954, esas mismas garantías, que lucían ya «institucionalizadas», frustraron en esa ocasión posterior la oportunidad de lograr el reordenamiento constitucional del país y de producir iguales resultados a los también obtenidos después en otras elecciones, como en la de 1948, donde por primera vez, un partido en el poder ganaba la elección presidencial y ésta no era discutida, o en los últimos comicios reales de Cuba, los de 1950, en que se dió el caso de que dos candidatos a Alcaldes, en La Habana y Camagüey, que eran hermanos del Presidente Prío, y del Premier Varona, perdieron las elecciones en limpios comicios, de escrutinio público e inmediato para los cargos ejecutivos locales con un igual acatamiento general.

Es lástima que las medidas que dieron lugar a aquella «jornada gloriosa», dejaran de ser en Cuba, la práctica democrática y que ésta se viera sustituida por la de las invocadas «revoluciones», desconociéndose que, como dijera el Apóstol, «en un pueblo que vota, la verdadera revolución está en el sufragio».

* * *

El 10 de octubre de 1944 fue la culminación de una prueba de genuina democracia.

Para mí, esa fecha tiene también recuerdos personales imborrables. Mi hermano Félix había sido designado para ocupar el cargo de Primer Ministro del nuevo gobierno y la noche anterior me invitó a estar junto a él durante la comida, en el Hotel Sevilla, donde residía provisionalmente. En aquella noche no sé ni a qué hora nos sentamos a la mesa. Había en toda la ciudad un entusiasmo desbordante; pero, dentro de los límites de la vida social. Ya caída la tarde comenzó una manifestación enardecida a pasar por el Paseo de Martí, al que los habaneros no dejaron de llamar «del Prado», y nosotros desde un balcón, veíamos aquel desfile de cubanos celebrando la toma de posesión del Presidente electo, que se celebraría en el Palacio, al mediodía del siguiente día. Pero, un recuerdo más personal de aquel momento fue que también conocí esa noche, en que me fue presentado, quien después entraría en el rango de mis mejores amigos, el ya fallecido Miguel Hernández Bauzá. Y allí tuvimos ambos hermanos un recuerdo para la memoria de nuestros padres, con la conclusión un tanto nostálgica de que, por lo general, los progenitores no pueden ver la senda de sus descendientes, ni el logro de sus enseñanzas. Por parte de mi hermano hubo en ese momento otro recuerdo mas nostálgico aún, rememorando su exilio de 1935, bajo el terror del momento.

Dos días más tarde entraba yo a ocupar el cargo de Letrado Consultor de la Presidencia para el que había sido nombrado por el Dr. Grau San Martín, para colaborar en un período de intensa labor, junto al Secretario de la Presidencia, el también profesor universitario, Dr. Julián de Solórzano.

Habiéndome alejado de la política inmediata, después de desagradables experiencias anteriores, y estando dedicado a la profesión y a la cátedra universitaria, figuré desde sus inicios, como afiliado del PRC (Auténtico), pero como simple militante, por razones fraternales bien comprensibles y por mi amistad con el profesor Dr. Ramiro Capablanca, Vice-Decano de la Facultad de que formaba parte.

Al Dr. Grau podía llevarle una cuenta exacta de nuestros encuentros: el primero, cuando fui presentado a él en el entierro de mi padre, a un año justo del 12 de agosto de 1933; después, cuando le llevé un libro publicado por mí en 1942 y en una o dos ocasiones más, cuando indicado por mi buen amigo el Dr. Manuel Fernández Supervielle, entré a formar parte de la Comisión Asesora, que éste presidía, y que estaba integrada entre otros, por el Dr. Raúl de Cardenas, Vicepresidente electo, el Dr. Manuel Dorta Duque y el Dr. Luis Machado. Supervielle me indicó, además, para una de las Subsecretarías del Ministerio de Hacienda, para el que había sido nombrado titular en el nuevo gobierno. Ambos habíamos colaborado antes en la Junta Nacional del Censo de 1943 y en alguna otra ocasión en el plano profesional.

Después de las elecciones, y precisamente el día en que iba a serle entregado su certificado de elección al nuevo Presidente, por el Tribunal Superior Electoral, presidido entonces por el Dr. Francisco Llaca Argudín, recibí la indicación de mi hermano de que visitara al Dr. Grau en su sitio de descanso, en la Playa Veneciana, a la que me dirigí en unión del Dr. Gustvo Cuervo Rubio, indicado ya como futuro Ministro de Estado.

Ese día, por primera vez, recibía yo una consulta directa del Dr. Grau. Momentos antes del señalado para el acto expresado, el Dr. Grau me indicó que lo acompañara, pidiendo excusas a los demás presentes para separarnos un tanto y conversar. A pocos pasos de la casa de vivienda, en el jardín, había una sola silla y una piedra; me indicó que me sentara en aquella única silla, insistiendo en que así lo hiciera, mientras él lo hacía en la piedra contigua. No bastó mi negativa para que, apremiándome por el acto que se esperaba con la llegada de los señores magistrados del TSE, me obligara a aceptar su invitación, como un mandato, y así comenzó mi labor consultiva junto a él. Su preocupación era que el gobierno actuante había dictado un reglamento de la Ley del Servicio Civil que trataba de sujetar las manos, antes bien sueltas, al nuevo gobierno. En la breve entrevista hube de exponerle, cosa ya sabida por él, que las disposiciones ejecutivas se derogan o modifican por otras posteriores, de la misma calidad, y en el breve espacio de pocos minutos me confirió el encargo de hacerle un informe sobre la forma de derogar aquella disposición, aunque aceptando mi sugerencia de que se mantuviera una regla introducida en dicho reglamento sobre el orden para resolver los recursos interpuestos, evitando con ello que las recomendaciones les dieran preferencia a unos casos sobre otros anteriores, regla de igualdad, que se reprodujo en el Decreto Presidencial dictado al efecto y que fue aprobado en una de las primeras sesiones del nuevo Consejo de Ministros. Enterado de algún modo de esos antecedentes, un congresista muy estudioso, miembro de la oposición en el Senado, hubo de atribuirme el «invento» de tal medida que llamó «de la fila india», sin advertir tal vez, que esa regla fue una iniciativa loable (quizá la única) de aquel decreto anterior, que para colmo hasta había sido mal refrendado.

Hoy, a más de cuarenta años de distancia, junto con esos recuerdos personales, también rememoro que todos, aún los adversarios de entonces, reconocieron que aquel día se iniciaba una práctica que no debió abandonarse nunca: la de respetar el sistema de la alternabilidad en el ejercicio del Poder Público. Con el sufragio libre el pueblo ejerció su plena soberanía y mediante la democracia representativa obtuvo el triunfo. Los auténticos lograron el poder para gobernar sirviendo, para distribuir, para hacer más ricos, más suficientes y dignos a los pobres, más compensados a los trabajadores, más pagados a los profesionales, más equilibradas a todas las clases sociales, más abiertas las fuentes de trabajo, más justos los salarios y sueldos, mejores medios de vida, más comodidades, más entretenimientos, más sanidad, más justicia social, en una frase, más bienestar para todos.

Ese fue el inicio, para Cuba, de una era de libertad individual (a veces exagerada por los que la disfrutaban) y de bienestar general que en uno u otro grado, se mantuvieron en ascenso hasta qué... ¡cada quien opine a su manera!

GRAU EN LA TOMA DE POSESION EN 1944

CAPITULO IV

EN LA PRESIDENCIA

El Ejecutivo y los Poderes Públicos — La vida internacional — El gobierno — La administración

El día 10 de octubre, del mismo año, con igual júbilo, se celebraba la toma de posesión de la Presidencia por el Dr. Grau en el Palacio, con el acostumbrado boato y ceremonial diplomático, almuerzos y banquetes, todo lo que había sido precedido del acostumbrado viaje a Washington, donde *reinaba* la singular figura del Presidente Franklin D. Roosevelt, del que le habían separado antes, diplomáticos entrometidos, políticos cubanos desplazados del poder y otras circunstancias que debían tenerle con múltiples y justificadas preocupaciones.

De esa visita, aparte de las cortesías de estilo y del ceremonial diplomático, lo más destacado de su tarea fueron: el tratar con el gobierno, el asunto de la cuota azucarera de Cuba, y con los compradores, lo del precio del producto, que consiguió mejorar con el argumento valedero de la necesidad de atender a los ingenios, ya antiguos, que demandaban para ello gastos de inversión. Su éxito en ambos lados fue notable; ya entrado en funciones, en lo interior se iban confrontando dificultades, incluso con el abastecimiento, por razón del estado de guerra que reclamaba la atención preferente de los Estados Unidos para la continuación del conflicto.

No sólo en Cuba el Ejecutivo sufrió esas presiones, sobre todo durante el primer año, en que hay que ir aprendiendo el manejo de las complicadas relaciones internacionales, ir palpando la situación propia del país y, como cuando se trata de una máquina nueva, ir probando los controles. A todo eso le dedicaba el nuevo Presidente su mejor atención y hombre de cultura, encontraba siempre un ejemplo con que comparar la dificultad presente, y hábil y bien dotado de capacidad intelectual, y buen sentido, buscaba medidas para darles solución a los más difíciles y complicados problemas. En definitiva, para mí, en su caso, como en otros anteriores, o contemporáneos, de Cuba y de otras naciones, las cuestiones siguen reglas idénticas. El Presidente de un estado empieza en una condición que la Dra. Hortensia Ruiz del Vizo, en un artículo reciente, calificó de «presidencia sitiada». Aunque ella se refiere a la actual norteamericana, el cuadro que describe varía de pueblo a pueblo; pero, en el fondo, es de iguales efectos. Retrotrayéndonos al caso de Cuba, hemos de empezar por colocar al Presidente Grau en la posición en que estaba en 1944.

Para mí, su situación era natural, ya que tenía su origen en la Constitución de 1940, que sin entrar en otras razones, se había dedicado a «sitiar a la presidencia» usando la feliz expresión de la escritora citada.

El Legislativo, dado el régimen semi-parlamentario adoptado, y con el derecho de sus miembros a formar parte del Consejo de Ministros, estaba siempre como el martín pescador viendo la ocasión de lanzarse a tomar su presa. El sistema tuvo, como su principal proponente, según recuerdo, y antes de que la Constituyente se reuniera, al Dr. José M. Cortina, quien fue también el primero en ser sometido, como Ministro de Estado del gobierno anterior, a la interpelación parlamentaria.

En 1944, podía observarse la angustia con que se miraba en el Congreso el almanaque para someter al gobierno del Presidente Grau al nuevo sistema y así puede decirse, que apenas llegado el primer minuto del plazo, iban a sentar en el banco de los interrogados al Primer Ministro, Dr. Félix Lancís y varios otros de su Gabinete. La prueba fue bien pasada por el Ministerio y la República siguió su curso, mientras el Ejecutivo continuaba en su labor de mejorar las condiciones del Tesoro agotado, que le había sido entregado con un saldo tan precario que ni siquiera hubiera podido atender sus primeras obligaciones del mes de su toma de posesión sin el adelanto de una empresa extranjera para satisfacerlas.

La Segunda Guerra Mundial seguía su curso y las dificultades de otro tipo eran también notorias. El gobierno se dió a resolverlas acudiendo hasta al método del canje de azúcar por arroz que llevó a Cuba, del Ecuador, ese alimento común del pueblo. La operación, sin embargo, sirvió para otra interpelación, esta vez con cierto resultado, que el Presidente Grau aprovechó para cubrir el puesto vacante de

Ministro de Estado con el renunciante de Comercio, con lo que en cierto modo, le daba acatamiento al voto parlamentario, al par que el Ministro, objeto de la interpelación, pasaba a ese otro de más relieve público, comúnmente. Era una forma legal de tratar del sitio que el Congreso le tendía con cualquier pretexto. Y ya más adelante, surgió la crisis mayor que dió lugar a la que la opinión general denominó del «Subgabinete». Algunos ministros, según escuché, se negaban a someterse a la prueba, y la interpelación se frustró con la aceptación de la renuncia de todos los Ministros y del nombramiento en su lugar, de los subsecretarios, siendo el primero de los dos de Hacienda, designado Primer Ministro. La medida fue discutida y calificada de formas varias; pero a su actitud, que se sujetaba al texto aplicable, pudiera dedicársele una frase de Martí que aplicó al Presidente Cleveland, de quien dice que «tiene mano mayor para ir juntando con singular astucia la conveniencia y la justicia», aplaudiendo su coraje. El Presidente Grau no recibió un aplauso tan valioso; pero resolvió la crisis permanente del sitio legislativo, en ese caso, de modo distinto a como lo hubieran hecho otros Presidentes....

Y con igual criterio, ante la dificultad de contar con un Congreso ejerciendo debidamente su función legislativa, supo aprovechar, en beneficio de su administración, el macizo legal dictado por el anterior gobierno usando las facultades extraordinarias del «estado de guerra», entre ellas, quince Acuerdos-Leyes que entre sus disposiciones crearon el Presupuesto Extraordinario de Guerra, con lo que su aplicación era independiente del General del Estado, liberando al Ejecutivo de mensajes y gestiones para disponer de los cambios necesarios en su estructura, así como para acordar créditos especiales cuando el Congreso cesaba en sus labores.

* * *

El otro método usado para su reacción contra la presión congresional fue el uso del veto, medida constitucional en que hay que destacar que muchos de ellos fueron basados en las «perchas» (que en términos corrientes, eran un injerto ajeno a la cuestión) que se intentaban «pasar» al abrigo del objetivo propio del proyecto.

La situación de esa tirantez entre ambos Poderes podía explicarse por el triunfo un tanto inesperado para unos y otros, del Dr. Ramón Grau San Martín en los comicios de 1944, lo que hizo que su labor se viera entorpecida por la acción del Congreso que dado el sistema electoral vigente, quedó constituido por una mayoría de los grupos de oposición, los que con cierta razón, exigían del nuevo gobierno el cumplimiento de su programa. El Partido Auténtico, que había presentado la candidatura del Dr. Grau, tenía en ese programa, y en lugar preferente, el dictar «las leyes complementarias de la Constitución de 1940», expresión ésta que merecería un largo estudio para penetrar en su sentido esotérico y convencional, con que fue seguido desde el Tribunal Supremo al último alguacil municipal. Sin embargo, por las malas reglas adoptadas por la legislación electoral, según ya he dicho antes, la mayoría del Congreso quedaba integrada por los miembros de los partidos contrarios y de algunos disgustados del propio gobierno o de la coalición triunfadora.

De manera, que no cabe duda de que todos los congresistas estaban de acuerdo en hacer dichas leyes, pero, en hacerlas a su medida propia. Quizá, si no fuera tan desmemoriado, como él mismo se confiesa hoy, un compañero abogado, podría recordar que recién anunciado que el Presidente había vetado la ley que creaba el Tribunal de Cuentas, me expresaba, en un encuentro ocasional en la calle de Obispo, su extrañeza con tal determinación, considerando que la misma era un olvido de una de las promesas del Partido. Yo me limité a inquirir de él si conocía su texto, aún no publicado en la Gaceta Oficial, y como me contestara negativamente, le pedí que aplazara su juicio para cuando lo conociera y pudiera con vista del veto, opinar definitivamente. Y como entonces, aún recordaba y era persona capaz, en otra ocasión me llamó y reconoció que, en efecto, las razones expuestas en aquel veto estaban justificadas, pues el Congreso había tratado de crear, según se decía en el mensaje de devolución del proyecto legislativo, «un Estado dentro del Estado» y de dificultar con ello la acción del Poder Ejecutivo, en su labor administrativa. En definitiva, el mensaje no fue discutido, ésto es, que resultó consentido, de modo que cuando durante el gobierno del Dr. Prío Socarrás, sí fue aprobado un nuevo proyecto, creándose ese organismo, y su ley incluída en el folleto publicado por el gobierno con el título de «Legislatura Fecunda», el caso del Tribunal de Cuentas lo fue teniéndose presentes muchas de las objeciones del veto presidencial anterior.

El gobierno del Presidente Grau no vetó tantas leyes como lo hiciera el Presidente Laredo, y sus vetos fueron siempre bien razonados, y en su redacción se ponía de manifiesto el buen cuidado que se seguía, ofreciendo motivos valederos para exponer su tesis. En su confección, se cumplía el precepto constitucional de oírse al Consejo de Ministros;

pero, en definitiva, era el Presidente el que decidía, atendiendo directamente a su redacción, para ajustar sus manifestaciones debidamente, y lograr darle a su texto la mayor claridad posible. Y algo que es bueno aclarar es el tino con que solía cuidar la redacción de cualquier veto, indicando la supresión de una frase, la adición de otra o el mero cambio de una palabra para el mejor ajuste de su sentido. De esa forma de proceder mantengo en la memoria dos de ellos de mayor significación y que sirven para exponer también el modo con que despachaba los asuntos su cargo.

Uno de esos casos fue el que aumentaba los sueldos de los profesores de la segunda enseñanza y de los inspectores escolares. Interesado en conocer mi opinión legal al respecto, comenzó por exponerme algunas ideas relacionadas con la materia, estimando que si bien era bueno hacer aumentos de sueldos, pues eso mejoraría la economía popular, no era menos cierto que cuando se favorecía a una clase determinada solamente, se faltaba a la igualdad en el trato, aunque era un concepto que no debía aparecer en el mensaje, de cuya redacción me encargó. Al siguiente día ya estaba de nuevo en su despacho para leer la minuta en que había tratado de mantener las ideas del Ministerio de Educación y las consideraciones propias y del Consejo de Ministros, cumpliendo sus instrucciones. Siguiendo su costumbre me invitó a leerlo, y terminada su lectura me indicó volver sobre determinados párrafos para hacer algunas objeciones a fin de ajustar su contenido, para su redacción definitiva. Cuando estimaba terminado el caso, y con su venia me disponía a retirarme, para que los encargados de hacerlo transcribieran el mensaje, me detuvo y volvió sobre la cuestión, pidiéndome que de nuevo leyera el primer párrafo, en que se decía por el Ministerio, que aunque el aumento podría estimarse justificado, el proyecto no merecía la sanción por contener una «percha», en que se incluían otras medidas que nada tenían que ver con la finalidad del proyecto. Lo que más grabado se me quedó fue su razonamiento de que de mantenerse aquella expresión, podría servir lo dicho para sostenerse después al reconocimiento de lo propuesto y no objetado, evitando de ese modo que el gobierno quedara comprometido en el futuro...

* * *

Sin embargo, más notables fueron las contingencias del veto al proyecto de ley que reconocía el pago de sus adeudos a los Veteranos.

De algo realmente ocurrido entonces, no llegué a enterarme sino unos diez años después.[4]

Dicha ley venía con otra «percha» y el Presidente se dispuso a vetarla, como en definitiva lo hizo, sin desconocer el derecho de los veteranos a ese pago, que no comprendía a los servidores del Estado a quienes se había suspendido también en la misma ocasión. Entre los enterados del veto, aunque no de los motivos que lo apoyaban, había extrañeza, y el Dr. Cosme de la Torriente, al frente de una delegación de los veteranos solicitó y obtuvo del Presidente Grau, una audiencia que no pudo efectuarse, por razones que el Presidente usó para obtener del Dr. Torriente una posposición de la entrevista, confiándole a su discreción el explicar a sus acompañantes dicha suspensión, no bien acogida por algunos de los presentes.

El veto que, en nada agravió a los veteranos, pasó al Congreso, y en una visita posterior, el Dr. Torriente fue autorizado para redactar el nuevo proyecto, para lo que interesó del Presidente Grau que me permitiera auxiliarlo en su confección, como se hizo, y el Congreso aprobó y el Presidente sancionó la nueva ley.

Como conclusión, cabe afirmar que, no obstante la situación de hecho expuesta al tratar de esos casos, ninguno de sus vetos fue objeto de reconsideración y sí admitidas sus razones en otros proyectos posteriores de que no viene bien tratar en esta oportunidad.

* * *

De las confrontaciones con el otro Poder, el Judicial, no voy a tratar de recordar los fallos adversos por razones que podrían considerarse inspiradas en motivos distintos, pues si bien eran «fallos», (en el doble sentido de esta palabra) en lo legal, estaban protegidos por ese dogma jurídico de la «santidad de la cosa juzgada» en lo que el gobierno se atuvo a lo resuelto y, desde luego, a su cumplimiento.

Quizá, pueda parecer fuera de lugar un comentario previo sobre la llamada independencia del Poder Judicial, que no obstante estimo útil. Cuando leía la obra del profesor Federico Grimke, titulada «Naturaleza y Tendencia de las Instituciones Libres» (1887) me sorprendió, su juicio contrario, hecha mi mente a la idea siempre presente en Cuba de esa independencia, hasta llegar a constituir un supra-poder por el dogma indicado y la inamovilidad en sus cargos, de sus servidores. Si bien una subordinación del órgano de la Justicia al Ejecutivo es impropia, han de mantenerse relaciones entre los poderes del Estado para desenvolver una labor provechosa para la sociedad, lo que podría conseguirse, con la designación a término, de los funcionarios superiores del Poder Judicial y la intervención del Ejecutivo en sus nombramientos, periódicamente, para sostener a los jueces con esa perspectiva, ya que como vemos en los Estados Unidos, el cambio de uno solo de sus integrantes hace en ocasiones darle nuevo giro a la jurisprudencia, tema que no cabe en esta ocasión.

La Constitución del 40 creó un Tribunal Supremo, cuya organización requeriría un examen muy detallado, para que en el futuro no se cometan tantos errores como los que, a mi juicio, dieron lugar a la inestabilidad y tumbos notables en sus resoluciones y a conflictos entre ambos poderes.

El más sonado de éstos provino de la marcada intención constitucional de limitar la forma de hacerse los nombramientos de los componentes del Tribunal Supremo. Parecía ignorarse que en los casos anteriores, cuando algunos Presidentes habían hecho nombramientos de magistrados «por la libre», ésto es, dentro del tercer turno; algunos de ellos que recuerdo, como los Dres. Adriano Avendaño, Ricardo R. Duval o Francisco Chávez Milanés, cubrieron sus funciones con capacidad y en forma adecuada a su delicada tarea de impartir la justicia....

En dicho Tribunal, las vacantes debían ser cubiertas por nombramiento presidencial, a propuesta de un Colegio Electoral que integraban en cada oportunidad, cuatro miembros nombrados por el propio Tribunal, tres por el Presidente de la República y dos por la Facultad de Derecho, de la Universidad de la Habana. En verdad, no hubiera sido muy difícil para otro Presidente, hacer el nombramiento de la persona deseada, recurriendo a obtener previamente otros dos votos; pero ese no era un método que siguiera el Presidente Grau, de modo, que al cubrirse una plaza vacante, designó entre los que él debía nombrar al Dr. Manuel Fernández Supervielle, que aparte de Ministro de Hacienda, había sido Decano del Colegio de Abogados de la Habana. Por una u otra razón no pudo obtenerse la propuesta, en la terna a confeccionarse, de un determinado aspirante, ya miembro del escalafón judicial. La resolución fue demorándose hasta llegar a indicársele al Presidente que sería, finalmente incluido en la terna, el que el Sr. Presidente indicara, siempre que no lo fuera el que evidentemente contaba ya con la simpatía presidencial. Es más, se permitieron hasta señalarle dos nombres, por medio del Dr. José Alberni que era entonces Ministro de Justicia. El Ejecutivo para poner término a la controversia escogió al Dr. Ernesto Dihigo, profesor universitario y de merecido concepto en el foro cubano. Éste no aceptó y de ese modo, se inició un nuevo proceso para cubrir esa vacante en que entonces el Colegio Electoral incluyó en la terna, al antes rechazado, que desafortunadamente falleció a poco de nombrado. Se trataba del Dr. Mario Sánchez Pessino, Juez Correccional de Marianao, que gozaba de buena fama y era persona muy estimada.

Y no fue sólo ese caso, sino otros varios que escapan a mi memoria. De ahí, que se le señalara en una ocasión, como una irreverencia, que coincidiendo en un mismo día la Apertura de los Tribunales, vieja reminiscencia del régimen monárquico español, con otro de carácter militar, el Presidente Grau asistiera a este último, explicándolo sutilmente luego, por la imposibilidad física de estar al mismo tiempo en dos lugares distintos, y ser él, constitucionalmente el Jefe Supremo del segundo.

* * *

El otro campo de la actividad presidencial que se desprende del artículo 142 de la Constitución, corresponde a la actuación en la vida internacional.

No me es posible hacer, sin tener hoy los datos precisos, un trabajo que con ellos me resultaría fácil, aunque rebasando el propósito de esta exposición.

Comenzaremos, pues, con los datos que conservo y la memoria de algunos de sus perfiles, con la participación activa de Cuba en la *vida internacional* en la que tuvo una brillante actuación, no sin olvidar que en el campo del Derecho Internacional la intervención de un letrado suele ser escasa. Por lo general, en esa esfera de acción, el Derecho vale poco; cada regla adoptada es, por lo común, el producto de elegantes torneos de palabras, conciliábulos y un acuerdo final que en la práctica, luego, queda sometido a su admisión por el Estado llamado a aplicarlo, lo que expreso porque siendo un terreno en que predomina la soberanía plena de aquellos, los organismos internacionales carecen de jurisdicción para conocer de las cuestiones planteadas y de competencia para resolverlas, razón por la que tuve pocas consultas legales en esa materia, salvo en casos en que, para su cumplimiento en lo nacional, se requiriera aplicar alguna norma vigente o de reglamentar trámites para hacerlo.

Pero, tratándose de presentar su obra de gobierno no he de dejar fuera de mención algo al respecto, permitiéndome traer en apoyo de mis recuerdos, algunas citas de que dispongo hoy, para asegurar la exactitud de lo que refiera y en que mi intervención fue ajena, o limitada por los motivos antes indicados.

* * *

Comencemos por la más destacada acción de su gobierno, que llegó a merecer internacionalmente el nombre de «*Doctrina Grau*». Como mis recuerdos eran vagos en los detalles, recurrí a su gestor, que representando al gobierno de Cuba, planteó la cuestión hasta obtener el reconocimiento de esa doctrina hoy olvidada como por lo general, pasa con los acuerdos de esa índole... Me refiero al Dr. Guillermo Belt, diplomático muy distinguido y amigo desde los días en que se sentaba en una de mis clases de la Academia de Derecho. En un resumen muy interesante me escribía:

«La agresión económica tuvo su origen en la Ley Azucarera (americana) de 1948. Como se amenazó disminuir la cuota de Cuba, confié a un miembro de la Comisión Azucarera (cubana) ....que en caso de reducirse la cuota de Cuba, esa reducción afectaría, principalmente, a los productores americanos establecidos en nuestro país, lo que él puso en conocimiento del Departmento de Estado, que gestionó la inclusión de la Sección 202 (e) en la referida Ley, la cual daba facultades al Secretario de Agricultura, para suspender, o retirar totalmente la cuota de un país, que a juicio del Secretario, tomase medidas detrimentales contra la industria, el comercio o la navegación de ciudadanos de los Estados Unidos».

Relata luego su intervención en gestiones varias para aclarar la cuestión y señala que «Truman hizo una declaración en la cual afirmaba que no era intención de los Estados Unidos aplicar esa sección a Cuba», lo que le permitió aplazar «el planteamiento del acuerdo a Bogotá....donde quedó consagrado el principio en el Artículo 16 de la Carta, 19 de la nueva». Después, en abono de sus menciones, me transcribía palabras del autor Félix Fernández-Shaw, en su obra «La Organización de los Estados Americanos,» que en su página 314, dice textualmente: «El artículo 16 es una extensión del principio de la no intervención recogido en la 'Doctrina Grau', afortunadamente sostenida por el delegado cubano Belt, quien desde la Conferencia de Río venía defendiendo la necesidad de condenar la agresión económica». Lo que sí recuerdo yo fue que en una de mis visitas el Dr. Grau me mostraba ese libro que le había sido obsequiado por un amigo.

Hay otras referencias que me citaba el Dr. Belt, así como un estudio directamente referido a la cuestión, publicado en 1948, por el Dr. Rafael P. González Muñoz, titulado «Doctrina Grau (antecedentes, exposición y problemática de la agresión económica)», también ya fuera de mi alcance, y que mencioné en alguna ocasión anterior.

Al recordar hoy, lo de la Doctrina Grau me viene a la mente una especie de anécdota, con la que no he de invadir el libro inédito del doctor Linares que he mencionado. En la serie de artículos míos que fueron apareciendo con benévola acogida, en el Diario de la Marina, de Cuba, en una ocasión, y como estábamos en campaña electoral, se me ocurrió referirme a la citada iniciativa del ex-Presidente Grau y su éxito.

En días próximos a ese artículo leía en algunos periódicos una breve nota en que se expresaba que un grupo de amigos, partidarios del Gral. Batista, había nombrado una comisión para confeccionar, con alguna actuación de su líder, otra «doctrina» que mereciera recibir el nombre de su defendido, lo que comenté diciendo que la idea me hacía recordar el título de la famosa comedia de Luigi Pirandello, «Seis personajes en busca de autor», y aunque nunca pensé que tal iniciativa se debiera a mi mención antes expuesta, sí leí en otra nota posterior, con apreciación de buen juicio de aquel al que se intentaba honrar con la misma, que él había dispuesto la disolución del citado Comité....

* * *

Si en ese campo la acción diplomática del Presidente Grau mereció tal reconocimiento, no debo dejar de indicar otro caso en que su acción fue decisiva y su importancia notoria. He de recurrir en este caso a un trabajo mío de 1956, que desarrollé en uno de los llamados «Cursos Monográficos» que ofrecía anualmente la Academia de Derecho Comparado e Internacional, que dirigía el Dr. Ernesto Dihigo. En esa ocasión, había sido invitado a dar uno de esos cursos, en los que siempre se incluía a algún profesor cubano, junto a los diversos maestros extranjeros que en ese tiempo iban a tratar todos de diversos temas de índole jurídica y de interés general, por lo común referidos a cuestiones de actualidad, bien nacional o internacional...

Yo escogí uno que ya había propuesto, en 1945, para uno de los Cursos de Verano, de la Universidad, y el que por no levantar el interés de los que pudieran tomarlo, quedó en proyecto, con un programa ya redactado, en que trataba de exponer la necesidad de darle un reconocimiento permanente a la democracia política para mantener en vigencia el principio que Ferrero denominó de la «legitimidad democrática», como base para sostener las relaciones diplomáticas y la de los Estados entre sí, por iguales, en su calidad moral.

Lo que yo pretendía exponer en dicho curso de Verano, fue reconocido tres años después, por la novena reunión de la Conferencia Internacional Americana, celebrada en Colombia (en los días del «Bogotazo») y en la que una iniciativa cubana fue la que impulsó a la inclusión en su temario, de la proposición, que culminó con la «Declaración de Derechos y Deberes del Hombre», de 2 de Mayo de 1948, y que es conocida como la «Declaración de Bogotá», hoy muy poco atendida en verdad, en tantos conflictos de Estados de esa zona que no son tratados por la Organización (OEA).

Para simplificar la cuestión voy a permitirme transcribir lo pertinente, de lo que entonces expuse en relación con otra gestión anterior del Presidente Grau para obtener el reconocimiento internacional de los hoy tan traídos y llevados «derechos humanos». «En efecto, —decía— como ha señalado el Dr. Gustavo Gutiérrez, delegado del Gobierno de Cuba en la Conferencia de Chapultepec (México, 1945), la petición cubana de que se incluyera en la agenda de la próxima Asamblea de San Francisco (E.U., 1946) una declaración sobre los Derechos del Hombre, encontró obstáculos y sólo —dice él— la firmeza del Dr. Ramón Grau San Martín, Presidente de la República a la sazón, hizo posible que la delegación cubana, presidida por el entonces Ministro de Estado, Dr. Gustavo Cuervo Rubio, mantuviera su criterio y que en definitiva, se votara una resolución encargando a una Comisión de Juristas la redacción de la Declaración, que fue presentada a la Reunión de San Francisco (de la OEA) por el Dr. Ricardo J. Alfaro, de Panamá. Este es, desde luego, el antecedente mediato de la de París, la que nos interesa más en concreto por su universalidad». Y es importante agregar que ese artículo del Dr. Gutiérrez, que se cita, fue publicado por Bohemia, en su edición del 11 de diciembre de 1949, cuando el Dr. Grau ya había cesado en la Presidencia.

* * *

Aquel mismo año, el 10 de diciembre, se adoptaba, por la ONU, ya con carácter universal, la «Declaración de París», es decir, que fue 1948, un año de definición de tales derechos, venidos a menos al dárseles después el nombre, hoy común, de *«derechos humanos»*, respondiendo a una preocupación demagógica, referente al sexo femenino que, en definitiva, no es otra cosa que una mera cuestión idiomática, pues en ninguna de sus reglas se excluía a la mujer; ni de hacerse así, con el cambio de nombre no se salvaría la situación. Pongamos por caso, el sufragio: cuando era limitado al hombre, este nombre no bastaba de por sí, sino que se recurría a exigir la calidad de varón, y no obstante, se le llamaba «sufragio universal».

Y en su carta Belt me recordaba que en ese mismo año de 1948, Cuba, en competencia con Brasil y México, alcanzó la designación de Miembro del Consejo de Seguridad. El Ministro de Estado de Francia, Robert Schuman, declaró a Le Monde, de París, que ese acto era «un voto de confianza dado a Cuba y a Belt en el Parlamento del Mundo».

* * *

Volviendo a la ONU relevante fue el voto de Cuba al tratarse de la creación del Estado de Israel, del que voy a permitirme repetir algo que escribí al respecto hace años:

Cuando leía el admirable libro de Leon Uris, titulado «Exodo», en que se refiere la lucha del pueblo judío por su supervivencia como tal, recordé con cierta sorpresa la votación celebrada en la ONU, en 1947, para darle reconocimiento y asiento territorial a la nación israelí, y cómo en ella, se produjo el voto contrario a tal medida de la República de Cuba, durante el gobierno del Dr. Grau San Martín. Confieso que tal mención me sorprendió por tratarse de una cuestión de índole política, ajena al campo legal. De manera, que eso explica que hubiera olvidado, quizá, el que cuando la famosa «Fórmula Balfour» se puso a votación, Cuba se manifestara en esa forma, cumpliendo su delegación el criterio presidencial.

Hubo también en aquella ocasión otros votos negativos por razones diferentes y aún en los Estados Unidos, personas de la talla de James V. Forrestal y Dean G. Acheson, entre otras, manifestaron su oposición a la medida que mereció la aprobación final del Presidente Truman.

Esa lectura la hacía yo varios años después de que aquel libro se hubiera publicado, ésto es, cuando ya tenía reposo para esa grata tarea. En esa fecha, que no podría fijar exactamente, mi posición personal también era distinta; había dejado de ser el Letrado Consultor de la Presidencia, ésto es, un funcionario subordinado del orden administrativo, y la bondad del Dr. Grau me había hecho candidato en la fórmula nacional del Partido Auténtico para las frustradas elecciones de 1954. Entonces era costumbre que los candidatos fuéramos objeto de frecuentes entrevistas por periodistas, o por la radio y la televisión, con lo que nos veíamos en el caso de hacer declaraciones y manifestaciones sobre diversos aspectos, pasados y presentes, de la actuación del candidato presidencial y de sus razones políticas. Como se recordará, el Dr. Grau era un individuo que no rehuía la controversia, ni dejaba sin respuesta ninguna pregunta y, en cierto modo, yo que antes, y por la índole de mi función, no me creía autorizado a hacerle pregunta alguna, sino que limitaba mi gestión al informe técnico-jurídico, lo más estrictamente posible, no me hubiera atrevido a la que, en una de mis diarias visitas, se me ocurrió sobre ese voto, pues quería estar en condiciones de responder a lo que pudiera ser objeto de alguna interrogación al respecto, dándole esa explicación como adecuada por ese interés de mi parte.

El Dr. Grau con breves palabras dejó satisfecha mi curiosidad; no hubo en sus palabras expresión alguna de simpatía o de oposición a ninguna de las partes en el caso. Por el contrario, se refirió a que en Cuba, vivían miembros distinguidos de ambos bandos, los que partidarios de una u otra tendencia (el establecimiento o no del Estado de Israel) le habían expuesto sus criterios, que había oído con atención; pero que, finalmente, había tomado esa determinación porque estimaba un peligro para el futuro, sembrar, en medio de países árabes, una nación en diáspora, que tenía evidentes motivos para pretender ese estado, aunque, a su juicio, no parecían haberse considerado previamente las posibilidades de enfrentamientos futuros y el surgir de nuevos conflictos que pusieran al mundo al borde de otra guerra general. Para reforzar sus argumentos, siguió exponiéndome que allí se repetiría una vez más la falta de previsión que había distinguido a los estadistas europeos, o americanos en los últimos años, ya cuando permitieron los primeros, en 1870, la anexión de Alsacia-Lorena, por Alemania, dando lugar al deseo francés de la revancha que influyó mucho en la guerra de 1914, o que, al término de ésta, se creara el «corredor polaco de Danzig», que contribuyó a ser causa de la llamada «Segunda Guerra Mundial» y que, con mayor imprevisión aún, los estadistas más notables de la época, al poner fin a esa guerra, crearan otra fuente de conflictos con el «corredor de Berlín». Tal parece, creo recordar sus palabras de aquel mediodía, que había un interés en mantener puntos de fricción que dieran lugar a nuevos conflictos, en vez de crear un espíritu de justicia universal que los evitara. Ya en los días de esa conversación que recuerdo, la célebre división de Berlín había suscitado diversas controversias, aunque todavía no la más seria del famoso «muro» que divide en dos porciones la que fuera la gran capital de la Alemania unida. Lo de los conflictos con el motivo del enclave judío ha estado, y sigue presente, desde su establecimiento, y es cuestión del día....

Carlos Márquez Sterling, tratando el mismo caso y con más palabras que las mías, termina celebrando el voto contrario de la Delegación cubana, que sostuvo el profesor Dihigo, que «argumentó brillantemente» la decisión presidencial, y termina diciendo: «Así procedía entonces nuestro gobierno, no obstante las acusaciones estúpidas que se le han hecho, de que sólo obedecía las órdenes de Washington. Cuba era entonces una República libre y soberana, al paso que hoy, sus revolucionarios aventureros se han vendido a la Unión Soviética. (Diario Las Américas, 16 de junio, de 1982).»

* * *

Otra demostración del criterio independiente de su gobierno lo fue el voto de Cuba sobre los juicios contra los «criminales de guerra» y la creación de tribunales especiales para juzgarlos, lo que ha merecido la calificación de «El Crimen de Nuremberg», que les da el escritor F.J.P. Veale en un interesante libro de ese título, en su versión española. Señalo el hecho, ya que sirve para destacar el voto de la República en el sentido indicado. Hubo en ese caso la gestión diplomática americana, llevada hasta donde supe y recuerdo, con delicadeza y basada en una pregunta: «¿No cree usted que tales crímenes merecen un castigo?», que tuvo una breve respuesta del Presidente cubano, seguida de una explicación: «Sí; pero estimo que antes debía estar fijada la calificación del crimen y de las sanciones». En la votación efectuada, Cuba mantuvo su criterio concordante con el artículo 11, No. 2, de la Declaración Universal de los Derechos humanos, que expresa que: «Nadie será condenado por actos u omisiones que en el momento de cometerse no fueran delictivos según el Derecho Nacional o el Internacional». En confirmación de su sano criterio la misma ONU ha considerado la cuestión y ha hecho dentro de su mismo foro, estudios sobre «la Delicuencia Política Internacional»...

* * *

No únicamente en puntos que pudiéramos llamarlos doctrinales, su política internacional se manifestaba en tal sentido, sino que en el terreno práctico, de las relaciones comerciales, cuidaba directamente de proteger los intereses de la nación, independientemente de quienes eran los interesados, con las gestiones que se realizaban en cada caso.

Uno de estos tuve oportunidad de comprobarlo, de casualidad, pues no era asunto de mi competencia. Una tarde fui llamado al despacho presidencial y apenas llegado al mismo, un ayudante imponía al Sr. Presidente que tenía una llamada telefónica urgente desde Annecy, en Francia, donde se celebraba una Conferencia de Comercio y Empleos. Al expresar él que se le pusiera en la línea, me dispuse a obtener su autorización para retirarme, y como ya estaba saludando al interlocutor, me indicó con un gesto que tomara asiento a su lado extendiéndome con su mano un lápiz, como para que tomara nota de lo que me dictara, aunque finalmente, no tuviera ocasión de hacer ninguna anotación. Sin embargo, después de comprender lo que al otro lado de la línea le decía el Ing. Sergio I. Clark, que presidía la Delegación cubana, y que yo ignoraba, sí pude apreciar bien de qué se trataba, o séase, que estaba en discusión una medida que de entrar en vigor, causaría graves perjuicios a la industria cubana de los tejidos, en beneficio de la del Japón, sostenedor de la medida. Su respuesta se me quedó impresa, por su precisión y su decisión de hacer respetar los derechos de la industria cubana, cuando le decía a su representante: «No podemos aceptar ese criterio; Cuba también está en proceso de afirmación de su industria y tanto los obreros como los dueños deben ser protegidos por el Gobierno; de manera, que exprese su opinión de que no es aceptable el acuerdo en ese sentido». Desconozco los trámites posteriores; pero la opinión del Primer Magistrado cubano prevaleció y la Conferencia acordó en definitiva, la que se denominó «claúsula de escape», o artículo 14, que cito de memoria, sin garantizar su exactitud; pero con la convicción de que sin consultas previas, dudas, ni vacilaciones, dió las instrucciones precisas para mantener en su creciente auge una actividad industrial de beneficio para toda la nación.

Lo que sí cabe agregar es que tanto es ese caso como en otros, al tomar una decisión, nunca tenía en cuenta la simpatía política, adversa o favorable de los interesados, sino lo conveniente al país para ir saliendo de sus atrasos, siempre posibles, según su criterio, de poder superarse, y nunca de ser perjudicados por la acción de otros estados.

* * *

Dentro del propio Poder Ejecutivo, la potestad de gobierno también planteaba problemas al Jefe del Estado, sobre todo en un momento como en el que el Dr. Grau tomó posesión del cargo. El Ejército mantenía un escalafón cerrado y se requerían años previos de servicios en un grado inferior, para los ascensos de categoría. De hecho, la jefatura que se le concedía al Presidente, por la costumbre constitucional contemporánea, no parecía fácil de cumplirse. Por ejemplo, y en el caso de Cuba, el Presidente se encontró con que de sujetarse a los reglamentos militares, el Ejército no podría tener un jefe, pues no había en los de grado inmediato ninguno con el tiempo de los dos años para ser ascendido al de «general», requerido por dichas reglas. Pero, lo resolvió con la aplicación del principio general de derecho, del Código Civil vigente, de que a carencia de norma aplicable ha de recurrirse a uno de aquellos, y con esa base cubrió el cargo interinamente, nombrando como tal al de grado inmediato, el entonces Coronal Genovevo Pérez Dámera.

El Ejército tenía, además, en su reglamento, y en el de la Policía, funciones con que el Jefe del primero intervenía en el nombramiento, y de hecho también, en algunas de las atribuciones de esa jefatura, punto delicado en que el Presidente Grau recurrió a interesar un informe de carácter legal sobre esa cuestión. Como es natural, lo rendí sujetándome estrictamente a los preceptos en juego sobre la posible cuestión que, en su fondo, no conocía, ni me interesé en descifrarla por entender que la reserva es tarea muy delicada, sobre todo en un caso que la consulta tenía en sí misma cierto tono académico, por lo que hube de comenzar transcribiendo un epígrafe de mi obra de Derecho Administrativo, publicada en 1942, ésto es, antes de estar el gobierno en funciones. Tampoco supe nunca el valor del informe rendido; mas, si hubo alguna dificultad en ese terreno la misma no trascendió al dominio público y yo pude deducir otra de las cualidades del Ejecutivo para resolver, a veces cuestiones comineras de competencia, o de fondo, con el sabio criterio de adelantarse a evitar conflictos mayores.

Y si su gobierno tuvo que manejar casos tales, las fuerzas armadas y la policía, ambas, se mantuvieron en su rol cumpliendo sus funciones, en tanto que a un general insolente el mismo Presidente lo destituía, de frente, y a un conspirador, se le dominó con medidas tan suaves que la prensa sólo hacía hincapié en la ocupación de «una capa de agua y de un burro muerto». El conspirador cumplió su pena, sin más rigor que al que como penado tenía que someterse....

El ejército tenía también, como instituto armado, situaciones de evidente privilegio, creadas por la costumbre y ampliadas por el régimen que lo venía rigiendo, de una u otra forma, a partir de 1933. Una de éstas era la del uso de una bandera especial, la del «4 de septiembre», fecha declarada por la Ley del 14 de octubre de 1936, «día de fiesta nacional». La bandera se estimó reconocida, en cierto modo, por el artículo 5 de la Constitución, después de un cambio de integración de las representaciones de los componentes de la Asamblea.

El gobierno tomó el acuerdo de señalar como «Día del Soldado Cubano» el 15 de diciembre de cada año, que coincidía con la fecha de la célebre batalla de «Mal Tiempo», medida indiscutiblemente encaminada a sustituir la del «4 de septiembre». De modo, que mediante una interpretación peculiar, el Presidente Grau dejó de lado, en 1944, la bandera, y sustituyó con una fiesta patria, la otra que de un modo u otro, se refería a una asonada militar....

Evidentemente, en Cuba, se había establecido cierto hábito de considerarse «procedente» cualquier solicitud de las autoridades militares, como una realidad. El Presidente Grau confrontó el caso de una solicitud proveniente por la vía oficial, para que se dispusiera el traslado de la carbonera existente a la salida de la bahía de La Habana, a otro sitio, formulándose la queja de que en ocasiones, el cisco del carbón que allí se manejaba solía penetrar en la casa destinada al Jefe de la Cabaña. Según pude conocer después, la Embajada americana gestionaba se dejara la situación como estaba, con apoyo en razones legales, de cuyo informe fui encargado. Por fortuna, del asunto ya había tenido conocimiento cuando era Letrado Consultor del Municipio de La Habana así como de la existencia de una resolución de inconstitucionalidad ante una petición análoga hecha entonces, por lo que podía llegar a constituir un caso de desobediencia el acceder a lo solicitado.

En aquella oportunidad tuve en mis manos el expediente, tramitado, como decíamos los cubanos, «en tiempo de España». Me complazco en reconocer que en su sustanciación pude observar la capacidad de los funcionarios que conocieron del caso, así como de la legislación que se aplicaba. Utilizando tales antecedentes rendí el informe correspondiente, agregando a lo antes expresado sobre la posición legal, las consideraciones tenidas por la administración para indicar el cambio de lo primeramente interesado por la empresa solicitante, que intentaba establecer esa carbonera, al fondo de la Bahía, en la parte llamada Guasabacoa, que se estimó inadecuada, ya que ese lugar, aparte de ser un sitio bajo por el que los vientos alisios que soplaban por la parte noreste, harían que el cisco fuera llevado hacia la ciudad, era de tener en cuenta que las embarcaciones tendrían que atravesar el puerto, en tanto el lugar escogido, permitiría hacerlo a la salida y en lugar protegido por la altura de la Cabaña, facilitando la operación con esa ubicación y evitando el daño de las brisas que solamente en el año soplaban en sentido contrario los días que conocíamos como los de la Cuaresma.

Como yo no podía seguirle el rastro a mis informes y las resoluciones presidenciales escapaban a la posibilidad de mi enjuiciamiento, nada supe de lo resuelto que de momento no lo fue en ningún sentido; mas, finalmente conocí que la solicitud sometida a la aprobación presidencial no mereció su firma y cuando en alguna ocasión, muy posterior, me comentaba la cuestión, añadía razones a lo informado en el caso, y que fueron las autoridades militares las que no tuvieron en cuenta las razones apuntadas para no hacer aquella edificación en ese sitio.

Por fin, me contaba años después el Dr. Grau, el Sr. Embajador se sintió complacido por la decisión adoptada y procediendo al estilo americano, quiso demostrarle su satisfacción indicándole que su gobierno iba a donarle a la Universidad de La Habana, un nuevo modelo construido para la enseñanza de la función de algunos órganos del cuerpo, sobre el cual una sola vez le había preguntado, ya que él, como antes dije, seguía el curso de su disciplina docente como si estuviera en activo al frente de su cátedra.

* * *

En la función de gobierno, sus atribuciones correspondían también al mantenimiento del orden público y la tranquilidad en la nación. Para ello tenía que depender de la difícil situación ya referida, en su primer momento, de la Jefatura de las Fuerzas Armadas, por lo general, dadas a suplir con criterios propios las formas del proceso civil, que el Presidente Grau consiguió mantener desde su inicio en límites de actuación apropiada. Ya en 1933, había dado muestras de su capacidad de resistencia a la insubordinación, y sin entrar en detalles, muchas veces escritos y discutidos, en los ciento y pico de días de su gobierno de entonces, en que se vió envuelto en ellos, y de cómo actuó, era ya posible deducir su capacidad de reacción, usando las denominaciones populares, en el intento comunista con el entierro de las cenizas de Mella, en el ataque a Palacio, en el asalto del Cuartel de Atarés, en la ocupación del Hotel Nacional y algún otro caso que escapa a mi memoria; eran días, además, en que aparecieron brotes iniciales de terrorismo y en todos los cuales actuaba con serenidad y tino para mantener el orden público. A mi actual propósito basta ese índice de los acontecimientos, a los que debo agregar solamente que durante mi posterior servicio en Palacio, tuve ocasión de escuchar a algunos antiguos oficiales que tomaron parte en aquellos acontecimientos, y todos convenían en reconocer la serenidad y firmeza con que el Presidente Grau abordó los ataques y frustró los intentos perturbadores.

Igualmente procedió en su período constitucional; no hubo alteración pública que no fuera tratada de manera de restablecer la situación sin alardes que por lo común, suelen, de ser usados, producir más alarma en la población civil. Hubo atentados, conspiraciones, intentos varios y todos fueron atendidos por la fuerza pública con reacciones adecuadas. Los culpables fueron entregados a las autoridades judiciales y las sentencias cumplidas en los sitios destinados a ese fin.

He de traer, sin embargo, una sola ocasión en que a sus medidas añadió la discreción más absoluta y en tal forma que bastará citar que un congresista le manifestó después, que había dormido tanquilamente la noche anterior sin sospechar siquiera el peligro corrido, hasta que al despertarse al día siguiente, supo que se había frustrado una conspiración para derrocar su gobierno con un intento que la prensa calificó con expresiones despectivas. Él le dijo que podía seguir haciéndolo así, puesto que, aparte de su hábito de acostarse tarde, no lo hacía en toda la noche cuando pensaba que hubiera algún asunto al que debiera prestarle merecida atención.

Hay algo más que merece añadirse, ya que yo, al igual que el legislador mencionado, había dormido también serenamente. Pasaron unos doce años y en una ocasión, durante las sesiones del Diálogo Cívico, el Dr. Cosme de la Torriente, que las presidía me indicó su deseo de visitar al Dr. Grau para una cuestión relacionada con los asuntos de que se trataba entonces. La cita se fijó para una mañana; el caso demoró poco y fue entonces, al entrar ellos en una conversación general, que pude enterarme de lo que había pasado aquella noche, o sea, que el Presidente sólo llamó al Dr. Torriente de los que integraban la comisión de veteranos interesada en tratar del veto dado al proyecto del pago pendiente a los mismos. Le informó de lo que estaba pasando, que era nada menos, que el gobierno trataba del intento del Gral. Pedraza de producir un golpe de estado, pidiéndole que con su habitual discreción explicara a los presentes la postergación de la entrevista, encargo que el Dr. Torriente cumplió debidamente. La comisión fue recibida días después, cuando el Presidente había cumplido su función, sin alarmar a la población, y como ya se dijo antes, también el problema de los veteranos quedó resuelto.

Idénticas situaciones a las del año 33, se le presentaron en su período constitucional, mas en ningún caso, dejó de mantenerse atento, día y noche, para tomar las medidas pertinentes y restablecer el orden público. Tenía en su mente que era Presidente para el pueblo y su tranquilidad.

* * *

Eso en cuanto al orden público general, que en lo civil no hubo una sola persecución por opiniones adversas al gobierno.

En ese sentido no puede brindarse un testimonio mejor, que el de unas palabras que escuché en Miami, en que el actual congresista colombiano, D. José Pardo Llada, dijo por la radio, que él le hizo oposición y que nunca fue molestado por aquellas *filípicas* que le permitieron alcanzar la mayor cantidad de votos en la primera ocasión en que figuró como candidato y resultó electo representante, en Cuba, entonces. Hoy, tampoco hay quien pueda recordar la persecución de la prensa por sus juicios exagerados u opiniones contrarias, y si alguno indicara el caso de la «Estación 1010», habrá también quien pueda mencionarle el carácter comunista del intento fraguado de producirse un golpe de estado, que frustró el Presidente en su propio despacho, y a presencia de los que estaban señalados como los llamados a ser sus jefes, a quienes comunicó lo resuelto ante el asombro de los mismos, ya que los dejó marcharse libremente, cuando el peligro estaba ya conjurado.

En nuestros días, cuatro décadas después, me atrevo a asegurar que en una encuesta (survey) realizada entre los elementos del actual exilio cubano (sin distinción alguna de sus antecedentes) sería unánime el resultado en reconocer cómo esa medida estuvo dictada con alto sentido de previsión y responsabilidad.

Lo dicho es, pues, un claro ejemplo de sus dotes de previsión y de su valor para obrar, como quería Martí, «sin miedo, en acuerdo con lo que se prevé».

* * *

Nadie desconocerá que la actividad más frecuentemente ejercida por cualquier Presidente es la de atender el ámbito administrativo de sus facultades. El Presidente Grau, como es natural, no debía descuidar esa regla y puedo dar constancia de su interés en cubrir ese cometido de su función en las más variadas y múltiples manifestaciones del acto administrativo que un distinguido escritor, el Dr. Ariel Remos, ha definido correctamente, como «un ejercicio de poder y de organización, de acuerdo con el principio de utilidad, pero que tiene que ser una actividad regulada, normada de acuerdo con principios orientados a la consideración esencial del individuo como pieza fundamental de la sociedad, para evitar la tesis opuesta, que es la del estado totalitario».

En la actividad administrativa de la Presidencia fue donde mi intervención era casi diaria, aunque hoy, no podría, falto de los antecedentes necesarios hacer otra cosa que traer por vía de ejemplos algunos casos que, o bien recuerdo, o de los que conservo algunos antecedentes.

Debemos exponer previamente que vamos a sujetarnos a la clásica división del contenido de esa actividad primordial de un Estado, distinguiendo entre los casos de mera organización del despacho de los asuntos a su cargo, para entrar luego en la exposición de algunos recordados, de la materia administrativa, para con ellos ir destacando algunas características especiales de un Jefe de Estado que como afirmara alguna vez, era un Ejecutivo que sabía lo que hacía, disponía lo que podía, conocía los medios humanos y materiales con que contaba y el terreno, áspero en ocasiones, en que actuaba.... Cabe agregar que a veces me pareció que seguía una norma como la del presidente americano, Calvin Coolidge, quien contaba en sus memorias, que él solía reunir su Consejo de Secretarios para oír a sus miembros; pero, por lo general, prescindía de hacer votaciones sobre los asuntos tratados, sino que se limitaba a indicar cual era su decisión final. Había en ese criterio del Presidente norteamericano una apreciación de la realidad, ésto es, que si aquellos Secretarios dependían de su nombramiento y cese, era obvio que sus votos nada representarían frente a su determinación definitiva. Debo aclarar que tal concepto es una inferencia mía ya que nunca presencié un Consejo de Ministros, en Cuba, ni oí comentarios al respecto. Sólo, repito, una apreciación muy personal.

De ese trato directo en mis funciones, y de mi colaboración, terminé pensando que podría atribuírsele la calificación que se le diera a Pico de la Mirándola de quien se decía que «sabía de todas las cosas posibles...y de algunas más».

De ahí que acuda a los casos que trataré después para brindar los datos en que fundo mi criterio.

Refirámosnos a las medidas prácticas tomadas a propuesta del Dr. Solórzano para la simplificación del procedimiento en la firma de los decretos, órdenes y resoluciones, reduciéndose a dos: original y copia al carbón de aquellos, en vez de las tres originales exigidas primitivamente, en evitación de posibles errores o diferencias entre ellas y teniendo en cuenta, además, que la validez estaba en su inserción en la Gaceta Oficial. Y otro detalle de menor interés; pero conveniente, fue el de disponer un solo tipo de papel para los documentos que exigieran la firma presidencial, ya que hasta entonces cada Ministerio usaba tipos distintos de tamaño con lo que se dificultaba cumplir en mejor forma, la custodia de los mismos, debidamente encuadernados, según lo dispuesto.

Y si ese aspecto meramente formal fue resuelto en la forma dicha, debo agregar que en el contenido de cada una de las disposiciones que dictaba, el Presidente cuidaba personalmente, de su redacción, de modo, que en último extremo, en ocasiones, el texto de algunos de esos documentos tenía que modificarse, como ofrecemos después algún ejemplo de esa meticulosa atención de su parte.

Aunque en su despacho no solía recurrir a sus famosas frases de sentido humorístico, en una ocasión tratando de casos como los indultos, permutas notariales y otros por el estilo, que requerían su sanción, me referí a la diferencia, en lo legal, entre la función presidencial de la justicia (como correcta aplicación del derecho) y la de gracia, antigua reminiscencia de los regímenes monárquicos, que en España se diferenciaban hasta en el nombre del Ministerio correspondiente denominándosele «de Gracia y Justicia»; rápido como siempre en sus reacciones que por lo común tomaban forma de preguntas, me dijo: ¿y no cree usted, que estoy ya demasiado viejo para hacer gracias? Nada podía contestarle, pero tampoco fue necesario, pues me pareció que, teniendo por base ese concepto, tomó una decisión y en lo adelante, si no demoraba un instante en la firma de un asunto administrativo, o de gobierno, para dictar su resolución, en aquellos otros postergaba la firma hasta que la voluntad presidencial tuviera el carácter de un acto de gracia.

En materia de alzadas, también fijó criterios, los que luego tuvo como definidores de su actitud. A principios de su gobierno se presentó un caso de permuta notarial que tenía una doble impugnación de partes interesadas en diversos sentidos, que consideró desde sus distintos ángulos y tomó una resolución, que no entro a considerar por no requerirse para exponer la firmeza de sus determinaciones, cuando con ellas entendía que había encontrado la vía adecuada para resolver con justicia, y a que después se sujetó.

Juzgo que con lo dicho he podido dar una idea de su forma de proceder y con la que el Presidente Grau ejercía sus funciones como gobernante, persiguiendo la mayor utilidad de toda medida de gobierno, siempre dentro de los términos legales, teniendo en cuenta al individuo como un integrante de la sociedad, y no sometido al poder arbitrario de los sistemas que tienden a hacerlo una pieza, no más, del complejo régimen que lo absorbe; por eso, vuelvo a insistir en mi criterio del espíritu solidarista que creí advertir en él y que he señalado antes al apreciar su acción como gobernante.

* * *

No soy dado a las lucubraciones abstractas, por eso, para exponer mis ideas sobre la personalidad del Dr. Grau, como Presidente de la República, no he de acudir a calificaciones más o menos adecuadas a su acción. Ese alto cargo requiere una capacidad múltiple. El ordenamiento legal y vigente debe ser la guía principal, pero, nadie que haya ejercido como abogado, o como juez, ignorará que cada norma jurídica permite muy variadas interpretaciones. En ese orden el Dr. Grau, ya fuera de la Mansión ejecutiva, se refería siempre al famoso personaje de Jacinto Benavente en «Los intereses creados», que con la sola puntuación de un texto cambiaba el giro del mismo, procediendo como el oráculo de Delfos en sus augurios. Y al recordar esas menciones suyas, me viene a la mente otra del Presidente Prío quien en una ocasión en que se trataba de una resolución, y yo hube de citarle que la misma había sido redactada conforme a una indicación del Dr. Grau, me dijo: «hay que considerarla bien, pues aunque la gente crea lo contrario, Grau es un hombre de punto y coma», lo que había tenido ocasión de apreciar, aunque su intención no fuera la del famoso Crispín, sino la de darles fijeza y claridad a sus conceptos, apreciando, además, sus perfiles diversos, producto de observaciones propias, algunas ya publicadas, y que hoy reproduzco, porque con ellas puedo demostrar el notable juicio en sus conclusiones, sobre cuestiones que, como el pago de las increíbles deudas nacionales y los déficits presupuestales actuales él mantuvo en límites adecuados con el cuidado personal para evitar sus excesos. De igual modo, y ya en otro terreno, hubo casos en que lo atendible era la condición humana, de que también he tomado algunos ejemplos, al igual que de resoluciones generales sobre asuntos de gobierno en que procedió en forma que también hemos referido antes y que ahora comprobaremos con el ejemplo y las circunstancias de cada ocasión.

Algo que quiero hacer notar es que Cuba, no porque fuera una pequeña nación, comparada con los grandes colosos, dejara de tener cuestiones delicadas como las que hoy son sometidas en aquellas a Consejos de Asesores especializados, de los que nunca le concoí alguno, ni aún en el terreno legal en que yo actuaba, pues mis informes eran simples apreciaciones legales, en los que siempre veía que su solución se sujetaba a las normas procedentes. Sus asesores estaban en el pueblo, en el vecino, y ¿por qué no decirlo?, en el científico, en el artista o el letrado a los que en sus conversaciones oía con atención para decidir con criterio propio del modo más conveniente al interés general.

* * *

Comencemos por referirnos a la política fiscal de su gobierno, permitiéndonos comparar sus resultados con la situación actual de los estados de «nuestra América» endeudados sin provecho para la sociedad general del país y sus ciudadanos.

En la actualidad es tema de preocupación de deudores y acreedores, y de comentarios, el caso de la exorbitante deuda de miles de millones (billones, para los americanos) de *dólares* de los «empobrecidos» estados sudamericanos. Resulta en verdad, inexplicable que banqueros y organismos internacionales, dedicados al manejo del dinero ajeno hayan procedido en forma tan irresponsable, al igual que los jefes de los Estados endeudados, a alcanzar montos como los referidos. Hoy, el asunto ha pasado a ser tratado con conferencias y palabras, cuando en realidad no hay más que una de estas dos soluciones: pagar o no pagar. Lo primero, no es posible; lo segundo, es imposible....Y, precisamente, esos países endeudados, siempre muy celosos de mantener fuera de sus fronteras, y de su gobierno, la «intervención extranjera», se someten, forzados por la realidad, a una más grave, aunque disfrazada de «bondad de los acreedores» y de «necesidad imprescindible» por parte de los deudores para seguir «el progreso de su país», o el «desarrollo social», para lo que lejos de promover la producción y el trabajo, recurren al préstamo fácil para pagar intereses, a más alto tipo, y que los aumentan, sin perjuicio de lo que cada nuevo préstamo deje de «gratitud» hacia los interesados en sostener el progreso ficticio de su nación...

Todo eso entra en el capítulo de los buenos propósitos, que un gobernante capaz debe tener, como punto básico, el del gasto público, con previsión y buen juicio. Como ejemplo del uso provechoso de esas cualidades voy a permitirme citar el caso del Presidente Grau, para el que esa política oficial estaba guiada por tres principios: 1ro., evitar el endeudamiento, 2do., no gastar más allá de lo que se disponía, único medio de evitar el déficit, que hoy tanto preocupa en los mismos Estados Unidos, y 3ro., liberar al país de la deuda anterior existente hasta donde le fue posible, de modo que al final, un gobierno que entró con la Caja Mayor en blanco, dejó un saldo favorable a la República, y sin deudas.

Pero, en vez de seguir con otros comentarios actuales, voy a permitirme reproducir un artículo que publiqué en el semanario «20 de mayo», de Los Angeles, California, en su edición del 22 de julio de 1978, en momentos en que el problema parecía dormido, para recalcar cómo procedía treinta años antes, un Presidente de la República de Cuba.

El referido artículo lo hice con motivo del noveno aniversario de su muerte. Lo titulé «La Política Fiscal de Grau» y en él no he hecho más que ligeras modificaciones de estilo, y decía así:

Debo empezar afirmando que tratándose del desarrollo de una acción encaminada a proporcionar estabilidad económica al Estado y bienestar a la ciudadanía, no puede dejar de calificarse la acción desenvuelta por el Dr. Ramón Grau San Martín en los años de sus gobiernos, como una sabia política que saliéndose de los moldes habituales, dió ejemplo de una gestión eficaz, dirigida a conseguir ese logro.

Las reglas aplicadas por el Presidente Grau en ese terreno eran sencillas; si se quiere, fuera de toda ortodoxia académica. Partiendo del principio de que ningún Estado puede llenar sus funciones, más simples o más complejas, sin ingresos suficientes para cubrirlas, y de que esa sustancia se obtiene de los impuestos. La primera medida adoptada por él, apenas le fue reconocido el triunfo en «la jornada gloriosa», fue crear una Comisión de estudio para la simplificación, disminución y ajuste de los mismos. Integrada por personas de reconocida capacidad; estuvo presidida por el Dr. Manuel Fernández Supervielle, su futuro Ministro de Hacienda, quien me llamó a formar parte de ella, aún cuando yo careciera de la preparación en esa materia de los otros integrantes de la misma y a los que no menciono para no incurrir en omisiones ya que no puedo recordarlos a todos.

La tarea señalada por el nuevo Presidente era la de simplificar el sistema fiscal, suprimiendo algunos impuestos, ya que se le había oído decir que los mismos eran «como piedras colocadas sobre lo sembrado, con lo que se impedía el crecimiento y desarrollo de las plantaciones». No sé si el concepto era propio o mención de algún tratadista, aunque yo nunca lo había leído o escuchado. En efecto, la Comisión propuso la eliminación o disminución de unos veinte impuestos, aún siendo bastante conservadora en ese punto, pues había algunas proposiciones para hacer lo propio en otros casos. La supresión propuesta estaba fundada en dos razones: había impuestos, cuyo cobro exigía una inversión pública siete u ocho veces mayor y en otros casos, la burla en su cobro era difícil de detectarse sin una fiscalización que resultaría más costosa, para evitar la evasión fiscal. Los empresarios y el público agradecieron la medida al nuevo Ministro, como al de Comunicaciones, Ing. Sergio Clark, la vuelta a la anterior tarifa postal.

El gasto público era otra preocupación del nuevo mandatario. De inicio, comenzaba con dificultades para atender debidamente ese importante renglón fiscal. El día anterior al de la toma de posesión del nuevo gobierno, la Tesorería estuvo abierta haciendo pagos de manera extraordinaria. No me atrevo a afirmar que fueran ilegales; pero sí, que eran fuera de lo normal. Varias empresas extranjeras acudieron en auxilio de la administración, adelantando el pago de algunos impuestos y a fin de mes, el gobierno cubrió sus atenciones (entre ellas, un anterior y reciente aumento de sueldo a los funcionarios públicos) lo que no dejó de hacerse durante su período de mandato, ni en el posterior del mismo partido.

Y con motivo de esa mención, me viene a la mente la forma en que el Presidente Grau cuidaba de que tal atención no dejara de ser cubierta debidamente. Él tenía siempre en el bolsillo superior de su saco, o en una gaveta de la mesa oficial, una libretica en que cada noche anotaba lo que le era comunicado por el Ministerio de Hacienda como las recaudaciones del día, cantidad que iba sumando a las anteriores desde el principio de cada mes, hasta cubrir un poco más de doce millones de pesos, que era la suma indispensable para el pago de todas las atenciones normales del Estado. Cubierto ese monto, empezaba otra suma que era la del superávit de las recaudaciones, el que utilizaba oportunamente para la concesión de los créditos especiales que el gobierno podía acordar cuando recesaba el Congreso en su función legislativa. Y esos ingresos extras le permitieron disponer de lo necesario para hacer cientos de escuelas campesinas, proveer de letrinas sanitarias al campesinado, hacer obras de carreteras y edificios públicos y una etcétera con que se cubrirían otras muchas atenciones. Pero lo que más debe destacarse son dos medidas extraordinarias: una, la cancelación del resto pendiente de pago del empréstito de los treinta y cinco millones, que aún gravitaba sobre la economía cubana, y la otra, la adquisición de oro físico para reforzar el valor crediticio de la moneda cubana que se mantuvo a la par con la americana que circulaba en el país sin limitación de cambio, y llegándose a expedir los cheques de la Tesorería, para su cobro por los interesados, «en moneda nacional o americana», indistintamente.

Y esa práctica que algunos calificaban de «bodegueril» parece ser útil, pues en una información leí que el Sr. Pinhas Sapir, que fuera Ministro de Finanzas en el gobierno israelí de Golda Meir, seguía una costumbre parecida con evidente buen resultado.

Para otras obras de caridad o de asistencia, el gobierno recurría a la concesión de créditos con los productos dedicados a ese fin, de la Renta de Lotería, mediante decretos que se publicaban en la Gaceta Oficial para general conocimiento y validez del acuerdo pertinente.

Mas, fue en materia de empréstitos donde su gobierno sostuvo mayor firmeza, pues se mantuvo sin acordarlos, no obstante las instancias que recibía para hacerlos, precisamente movidos los interesados por el buen crédito de que disfrutaba la República. Para el Dr. Grau, todo empréstito producía perjuicios a la nación, ya que, como una cadena, sujetaba a la misma. Los intereses, entendía él, por mínimos que fueran, tenían carácter de preferentes para su pago, por la íntima relación con la buena fama del gobierno endeudado, mientras, que por otro lado, privaban al gobierno de unos fondos que podían ser utilizados con más provecho en obras de beneficio general, o en mejorar la condición de sus empleados o de los servicios públicos, mientras que aquéllos iban a un arca extranjera para su lucro.

* * *

Y, volviendo al dinero circulante, la idea del Dr. Grau fue desde 1933, que mantuviera siempre su valor real, de modo, que lo que se autorizó entonces fueron los «certificados plata» o sea, billetes que representaban el valor metálico depositado en la Tesorería Nacional, fiscalizado por una Comisión especial, creada posteriormente con ese objeto específico. De tal modo, el papel circulante mantuvo su valor real.

Después, durante su período constitucional, el crédito se sostuvo con el empleo adecuado de sus recursos como queda expuesto, pues para que un capital se mantenga e invierta en un país lo más necesario es que el que lo posee, o adquiere del extranjero con sus operaciones, tenga fe en la seguridad de su disponibilidad y eso no se consigue con medidas arbitrarias, como vemos hoy en las endeudadas repúblicas del Continente, creando el delito de «sacadólares», o limitando la posibilidad de los que los logran con su capacidad y esfuerzos, de poder disponer de sus recursos legítimos, como sucede en los regímenes totalitarios, o en los que aún alardeando de democráticos, tienen que recurrir a una práctica igual.

* * *

Algo que llamó mi atención fue la forma suave con que eludió confrontar cuestiones existentes desde antes, una de ellas el caso de las playas habaneras, o mejor de Marianao, en que desde los primeros días de su gobierno el Presidente era visitado por antiguos correligionarios que pretendían que la administración le diera un vuelco a todo para «quitar lo malo» anterior, sin ofrecer soluciones para no subvertir lo existente.

Tal vez el más urgente requerimiento de tales interesados era la cuestión expresada, con motivo de la cual un día me visitó en mi despacho el Senador Eddy Chibás, que acababa de salir de una entrevista con el Sr. Presidente, que me había pedido un informe sobre esa cuestión, donde ya se habían dado algunos pasos sobre todo en la llamada «de Lucilo», (de la Peña). Como es natural, me fue grata su visita que luego hacía con frecuencia, durante el primer año de gobierno.

El referido informe lo rendí en poco tiempo por ser materia de mi dedicación y que comencé copiando los conceptos que sobre la materia había expuesto en mi texto (de 1942), como forma de señalar que mi criterio no era del momento. Recibí también la indicación de que recibiera a uno de los interesados en la cuestión que me ofrecería todos los antecedentes sobre *su* playa. Las visitas de Chibás se hacían más frecuentes; pero nada podía informarle, pues ignoraba el criterio presidencial al respecto hasta un día, en que se dispuso que le entregara una copia del mismo, lo que hice en su próxima visita. No supe lo que ambos hablarían; pero el asunto de las playas se calmó y cesaron las amenazas y ataques a las mismas.

Quizá sin la ocasión que tuve después de un trato más directo, nunca hubiera tenido ocasión de apreciar el buen acierto con que manejó el asunto. Un día entre comentarios diversos, les hizo saber a los interesados en crear conflictos, sin ofrecer soluciones, que en la costa habanera no había ninguna playa natural que se hubiera ocupado por quienes las mantenían y utilizaban como privadas (la de Viriato) o las públicas, o de carácter social, como las otras. Todas, admitiendo el principio de la creación artificial y el de las concesiones administrativas, estaban actuando como legítimas, y que aún había mucho litoral en que los interesados podían recurrir a los mismos procedimientos administrativos para hacerlo igual, sin privar de sus derechos legales a los que utilizando esos medios, habían establecido sus derechos al amparo de la legislación vigente. De ese modo frenó a los interesados y las playas siguieron siendo atendidas en cada club por sus socios, o por los que las brindaban a los usuarios mediante tarifas más o menos módicas. Y como yo vivía en el Reparto Naútico en 1959, pude observar bien de cerca cómo se deterioraron las existentes, una vez puestas «a disposición del público», después de establecido el gobierno *revolucionario* que las confiscó, al igual que toda la propiedad privada, la mía inclusive.

* * *

El Dr. Ramón Grau San Martín, como tal, era totalmente adversario del juego y de su forma más notoria: la lotería.

Sin embargo, el Presidente Grau dió muestras de darse cuenta de los deseos populares, bien como vicio menor, o como esperanza. La lotería suprimida durante la Ocupación Militar, vino a ser un elemento tan vital que en la campaña de 1909, de José Miguel Gómez, éste, inclinado al consejo que le daba Torriente, en la Política Cómica, que defendía su candidatura, la incluyó en su programa y fue una promesa cumplida por aquel Presidente. Grau no se encontraba en igual situación; es más, pienso que de no estar en vigencia ya, hubiera resultado difícil obtener su aprobación por su criterio personal expuesto. Pero, como gobernante, nunca se dió a crear más dificultades que las que la ocasión le presentara. Así, utilizó la Lotería, como un auxiliar del Gobierno para obras de utilidad social mediante los créditos disponibles, con sus fondos. Además, y por varios años se celebraba el «sorteo del millón», es decir, que sin poder sustituir los medios que su renta proveía, no era oportuna su supresión, lo que estoy seguro, en su fondo, le hubiera agradado más. En otras palabras, que como gobernante sometía su criterio al de la conveniencia del país.

* * *

Más significativa fue su acción en otro caso en que su preocupación se adelantó a toda protesta o reclamación de los posibles perjudicados. Un Ministro dispuso el cierre de los salones de juego que se mantenían en clubs sociales que habían adquirido fama hasta en el extranjero, como sitios gratos a los turistas que visitaban el país. Impuesto de lo resuelto, le indicó al Sr. Ministro que se comunicara conmigo, me diera copia de lo resuelto y que me dijera que a las siete de esa misma tarde, estuviera en el despacho presidencial, recado un tanto raro, pues era la hora en que siempre estaba yo pendiente de que pudiera ser llamado para algún asunto. El Presidente, a la hora señalada, me preguntó qué estimaba de tal resolución. Como aparte de mi natural discreción, había aprendido a ser parco en mis respuestas, me limité a expresarle que entendía que estaba dictada dentro de las atribuciones ministeriales, agregándole, lo que, desde luego, él ya sabía, que podía ser dejada sin efecto por resolución presidencial de algunas formas, entre ellas, por la vía del recurso de alzada. No quiero resultar infiel repitiendo palabras suyas que, quizá, por el tiempo transcurrido, no fueran exactas; pero, sí que de ellas deduje que tenía en mente dos preocupaciones: la primera, que el asunto tendría posibles complicaciones en el campo laboral, pues podría producir en cadena, además del cese inmediato de los trabajadores directos del giro, los de los otros gremios que en diversas formas dotaban de materiales y servicios a esos centros y, luego, además, que de producirse protestas, éstas traerían consigo posibles alteraciones del orden que el Presidente sería el llamado a usar la policía para atender la cuestión provocada. De inmediato, y conforme a la legislación aplicable, se suspendió el cumplimiento de la medida hasta la resolución del recurso interpuesto por uno de los afectados. Nada de lo pensado como posible se produjo, y el Presidente Grau proveyó, como siempre lo hacía, postergando su criterio personal ante el interés público que para él, debía ser preferente para todo gobernante.

* * *

Pero no sólo con vista al turismo preocupaba al Presidente Grau la protección de los casinos, sino que queriendo crear medios de trabajo tuvo, en el primer año de su gobierno, una iniciativa para establecer el Concurso de la Canción cubana, que les otorgaba premios a las mejores composiciones de ese género popular.

Más tarde completaba esa medida disponiendo que en los cinematógrafos debiera ofrecerse en cada función algún número «en vivo» empleando artistas.

En ambos casos mi opinión ofreció consideraciones adversas aunque ninguna de ellas de carácter definitivamente opuesta a la legislación, sino en lo referente a disponerse, sin una preexistente que impusiera una obligación de ese tipo. El Presidente sostuvo su criterio y los concursos empezaron a celebrarse anualmente concediendo los premios y contribuyendo a crear nuevos compositores.

La otra medida tuvo poco éxito, pues entonces no había la cantidad de artistas, como hoy existen que con poca voz, y sonsonetes, validos de la pantalla y los micrófonos, lucen como tales.

Sin embargo, lo antes dicho me vino a la mente por una crónica reciente de Rosendo Rosell que decía «la década de los 40 es la más conocida como sobresaliente en la farándula cubana» y después invita a echar «una mirada a aquel año de 1948» (el último del gobierno del Dr. Grau) en que aún no existía la televisión y en que era evidente la «candente competencia» de las estaciones de radio» y tuvo efecto—agrega él—la inauguración de aquel coloso edificio que todos conocimos como Radio-Centro», donde la práctica que había decretado el Presidente Grau fue permanente y en su escena los espectáculos con artistas para alternar con la película de estreno. Y termina con una relación de los notables artistas, que no sólo en ese teatro mostraron su calidad, sino que también se desarrollaron las estaciones de radio con la competencia indicada.

Es más, posteriormente se inauguró un teatro que como atracción especial trajo una pista de patinaje en hielo. La empresa se interesó en obtener cierta dispensa de derechos por la introducción de los aparatos necesarios. Había dudas sobre la procedencia de la legislación que debiera aplicarse. Yo tenía entonces un pequeño libro de un autor cuyo nombre he olvidado, titulado «Le tourisme, industrie de propagande», sobre ese problema que había sido debatido en Francia en días cercanos, y con los fundamentos de ese texto y la seguridad de que proporcionaría trabajo a obreros y artistas decidió estimar la petición y otorgarle los beneficios dichos, aunque con un ligero comentario de que «con la nieve de Cuba, espero que no dure mucho la pista en uso».

Y de su época fue el nuevo impulso a la pelota, con la construcción del Estadio del Cerro, a que dió lugar otra aspiración particular de un interesado en que le cedieran un club, a lo que el Presidente no dió lugar a la especie de expropiación pretendida, sino que estimó que nada se oponía a la creación de otro club, y así nació el club Cienfuegos, y se amplió la Liga..., siguiendo un criterio análogo al que antes aplicó en la cuestión de las playas, sin intervenir en los derechos de la propiedad privada.

* * *

El criterio presidencial era el de resolver siempre con atención general al interés común, sin necesidad de gestiones personales, ni de recursos en alzada. Tal fue su proceder en un caso en que presentados a su consideración dos proyectos de apariencia idéntica, tomó dos resoluciones, o mejor, sólo una, para la aplicación debida de la legislación y la protección de los intereses cubanos.

Al Presidente fueron sometidos dos proyectos de decretos para su aprobación y firma, que suspendían el período normal de veda, para las langostas y los camarones, los que fueron dirigidos a mi consulta legal, en lo que, limitada mi función a ese aspecto, nada podía objetar por ser una facultad presidencial la de suspender las vedas de conformidad con la legislación vigente. Sin embargo, a distintos funcionarios de la Presidencia se acercaron los interesados con alegaciones de diversos sentidos: unos, a favor de la medida, y otros, interesados en que se mantuviera la veda de la langosta por tratarse de una especie de cría y hábitos costeros.

Y con la responsabilidad con que el Presidente Grau consideraba las cuestiones, llamado a resolverlas, firmó el decreto suspendiendo la veda del camarón y no la de la langosta, por la razón antes expuesta y ser, además, base de una industria ya en producción, mientras el camarón era de naturaleza migratoria. Y uniendo recuerdos, de igual modo, me viene a la mente, otra circunstancia posterior. Un día, ya pasados algunos años, un hacendado cubano, volando por la parte sur de la Isla, descubrió una inmensa mancha de camarones de gran tamaño y buena calidad: fueron los famosos «camarones acaramelados» que las autoridades comenzaron a considerar, y que una profesora distinguida estudió y clasificó, y el gobierno emprendió un plan para el desarrollo de una «industria nueva», de evidente gran utilidad para la nación...

Recuerdo que se habló mucho de la cuestión y yo desconocedor de la pesca y de la zoología, en una conversación particular manifesté que no tenía fe en tales planes, permitiéndome citar algunos de los elementos que el Dr. Grau utilizó para la no suspensión de la veda ya indicada del camarón, o sea, que tuvo como noticia, un artículo de la revista Selecciones, publicado por aquellos días; mas, no estimándolo suficiente para una resolución responsable, hubo de examinar la opinión de un destacado profesor, el Dr. Sánchez Roig, naturalista conocedor de la materia, que convenía en reconocer la calidad migratoria de esa especie que solía acudir a las costas del Caribe para su deshove y cría anualmente aunque no siempre al mismo lugar, sino al escogido en cada oportunidad por la temperatura y otras condiciones atmosféricas que instintivamente conocía, para después dirigirse en manchas enormes al centro del Atlántico septentrional.

En Cuba, y por vía de ejemplo, sin discusión alguna, el pargo, llamado «de altura» no estaba sujeto a veda y era objeto de la pesca fuera de los límites nacionales y, muy especialmente, en las célebres «corridas de San Juan», en que los ejemplares cogidos, por lo general, eran especies hembras, en momentos próximos al de su reproducción, deducible de la existencia en tales ejemplares de las llamadas huevas, propias de su estado, lo que resultaba impropio para las especies domésticas o costeras, al tiempo de su deshove.

* * *

El Dr. Grau procedió, pues, a resolver el caso en justicia aplicando las normas cubanas en vigor y respetando los principios del Derecho Internacional, aunque los mismos no entraran en ninguna controversia en el caso referido; pero sí cabe destacar que era un dogma, desde hacía más de un siglo de ese Derecho el que «Ninguna nación puede apropiarse con justo título, del dominio del mar, pero sí adquirir por los tratados el derecho exclusivo de navegación o pesca en algunos mares». No es del momento entrar en la enumeración de los tratados y convenciones internacionales firmados sobre esos derechos indicados; pero no debe olvidarse la práctica, hoy corriente, de desconocerlos o de actuar frente a las muchas convenciones dictadas sobre la materia.

El Presidente Truman, de los Estados Unidos, proclamó como un «nuevo derecho», el que podía ejercerse sobre la plataforma marítima, para diversos fines, zona esa de variado alcance, y sin un acuerdo universal sobre la admisión de su principio, ni de la exclusividad de su derecho. Pero puede estimarse que tal medida fue la que movió recientemente, a algunos estados sudamericanos a señalar zonas de pesca, exclusivas para los nacionales, y excluyentes, salvo autorizaciones, para los demás, comenzándose en tal virtud, y como consecuencia de esos actos unilaterales de definición, a ejercer una soberanía contraria a los convenios internacionales sobre la materia y, claro está, comenzaron también las discusiones y acuerdos especiales entre esas naciones y las afectadas en sus industrias pesqueras. El caso más próximo ha sido el del apresamiento por las autoridades mexicanas de barcos pesqueros de atún, de los Estados Unidos y del Japón, hasta donde llegan mis noticias. Al igual que antes hicieran Ecuador, Perú y otros países costeros de la América del Sur; se impusieron crecidas sumas como penas, se decomisaron las pescas de sus bodegas y las redes utilizadas, según las informaciones, incompletas de seguro, que están a mi alcance. El conflicto parece estar ya próximo a un acuerdo entre esas naciones, mas, lo cierto es que cualquiera que sea ese convenio, en su esencia, desconocerá el principio de antiguo sostenido sobre la incapacidad nacional para señalar límites y atribuirse derechos propios sobre porciones del mar internacional.

Séanos permitido comparar el criterio expuesto con lo que también ocurre en nuestros días con los límites marítimos. A partir de la declaración de Truman antes citada, cada nación, sin atender a conferencias y acuerdos sobre el mar, ha ido tomando medidas sobre los límites del mismo con lo que han dado lugar a conflictos latentes, como los existentes entre la Argentina y Chile, en los mares lindantes del Atlántico y el Pacífico; el de la primera e Inglaterra sobre Las Malvinas; los de Colombia y Venezuela, y el de Guatemala y la zona del Esequibo, con Guyana. Ni siquiera se han respetado los criterios sobre la naturaleza de los productos marítimos, con la limitación, dentro de zonas de extensiones tan extraordinarias que en ocasiones se sobreponen unas a otras, nueva fuente de conflictos que la máxima organización internacional (ONU) trata diariamente sin poder darles solución.

* * *

Una anécdota que recuerdo, y que pienso que escapara a las reunidas en la compilación del Dr. Linares, se produjo una de las tardes en que se movía la conversación de un tema a otro, y se entró en la consideración de las cuestiones de gobierno. Uno de los presentes trató de la prohibición del uso de los artículos que llamó «de lujo», citando como ejemplo de su inutilidad el brillante que usaba un político predominante de la época, en su corbata. La reacción del Dr. Grau, en su forma delicada de impugnar, de ideas simples, fue expresarle que todas las medidas de gobierno debían ser bien meditadas y aunque él no gustara de tales usos, no desconocía que esos objetos, que servían para que un individuo mostrara su afán de exhibición, con ello, en verdad, no le hacía daño a nadie, y de inmediato, entró a exponer que, por el contrario, representaba un bien para la comunidad y ya más en concreto, agregaba: «Calcule usted, los que han intervenido en el curso de la piedra hasta que ese señor (el nombre no agregaría nada a la anécdota) pueda lucirla en su corbata» y seguía con una relación detallada, desde el minero que encontró el trozo de que los entendidos la separaron, la trabajaron, la montaron debidamente, incluyendo en la relación de los aprovechados con el uso de una piedra de lujo, a los transportadores y aseguradores de la operación, con la final conclusión que en todo ese proceso no había más que ventajas ya que hasta, por último, se percibían derechos de aduana por su introducción en el país y los impuestos pertinentes....al venderse.

* * *

En pocos casos el gobierno decretó la intervención de actividades industriales, comerciales o de otro tipo. Dos me vienen a la mente: una fue al principio de su gobierno, a la empresa de los tranvías, en difícil situación por el manejo impropio de sus actividades. La otra, más complicada, la decretada en la empresa productora del cemento «El Morro», del Mariel, en Pinar del Río. El conflicto fue planteado por el Alcalde de aquel Municipio, que trataba de cobrar un impuesto a la producción del cemento con una regla aplicable al cultivo y utilización de la caña, que es un producto agrícola, a ese elemento mineral. El caso se envolvió en pleitos y contiendas no obstante los cuales el gobierno mantuvo la industria en actividad con su intervención, garantizando su consumo para la construcción, las obras públicas, y el trabajo para sus obreros, directamente para los de la fábrica, e indirectamente, para los demás que se empleaban en los ramos de las obras particulares y del Estado.

* * *

En la defensa y protección de las industrias nacionales su período de gobierno fue de evidentes éxitos, levantando el prestigio del Estado cubano y prestando protección y ayuda eficaz a todos (patrones, obreros y pueblo) con medidas atinadas. Empecemos con el convenio comercial con España. Hubo oposiciones diversas; pero ese acuerdo ayudó a la industria del tabaco, un tanto decaída, así como a la del azúcar.

El criterio era sencillo: «si Franco no tiene dólares para comprarnos, que nos pague en pesetas; pero que nos venda en pesetas», un método de intercambio especial.

Pero lo del tabaco no quedó ahí. Ya, a fines de su gobierno, no había en Cuba la posibilidad de introducir las máquinas de torcido. A ello se oponían los tabaqueros que veían desaparecer su oficio que, por otro lado, iba siendo menor con las nuevas formas del aprendizaje. Y allí fue el Presidente a reforzar la fuerza laboral, sin perjuicio de los tabaqueros cubanos, que aún se estimaban tales, aunque ya en número muy pequeño. Se creó con las contribuciones de los que empleaban las máquinas, un subsidio para los tabaqueros que pudieran ser desplazados, con lo que el tabaco ya no salía en matules, sino torcido, con máquina, sí, pero con la bien ganada fama del producto cubano, y volviendo a la competencia.

* * *

En materia azucarera sus éxitos fueron más comentados; sólo diré algo muy breve. Aunque mi intervención en asuntos de ese tipo, repito, no fue frecuente como en el campo de la administración, sí pude revisar algunos casos e informar en otros. Recuerdo el día en que propuso a los interesados, hacendados y colonos, vender la zafra «sin precio». Abreviando, esa noche los interesados estaban sobresaltados; en alguna ocasión, su abogado, el Dr. Arturo Mañas, compañero de los días universitarios, se acercó a mí para «saber algo», que yo ignoraba, hasta que, al fin, el Presidente ganó la batalla: el azúcar no tendría precio previo, sino que se liquidaría, teniendo en cuenta los del arroz, la manteca y algún otro producto de los que los americanos le vendían a Cuba. Ese acuerdo hizo que el precio de nuestro producto fuera subiendo paulatinamente hasta un punto en que los compradores (que como decía Martí, son «los que mandan») empezaron a reaccionar cómodamente: su sistema era el de no pedir el azúcar, sino en fechas más próximas a su uso; ésto comenzó a crear dificultades en Cuba, para el almacenamiento; y así surgió la necesidad de darle solución al problema. Para ello se propuso a los americanos importadores del producto, estabilizar el precio en el nivel alcanzado, siempre que se adquiriera la cantidad existente y en disponibilidad. En puridad, el «sin precio» le había dado un alza apreciable al producto de nuestra principal industria.

* * *

Igualmente provechosa fue su intervención en el caso del arroz. «¿Por qué?», preguntó un día el Presidente; los interesados le dieron sus razones y entre ellas, la de que el precio del arroz cubano era menor que el de importación y que de ese modo no cubría los gastos necesarios para emprender nuevos cultivos. La solución fue fácil: cobrar lo mismo a uno que al otro, ya que se trataba de un producto que de todos modos, tenía un precio, que con los gastos de embarque y transporte tampoco podía ser menor. Y con otras medidas adicionales le dió impulso también a su cultivo, que se convirtió en lucrativo... hasta el día que los vendedores extranjeros vieron mermar sus intereses y empezaron las represalias; entonces, también inteligentemente, resolvió la cuestión de manera que la actividad agrícola, ya desarrollada en Cuba, pudiera mantener su función sin perjudicar otros renglones cubanos que podían ser objeto de las represalias. En definitiva, el pueblo de Cuba pudo consumir buen arroz, aumentando esa industria, sin perjudicar a otras y con ello mantener el trabajo...

En todas esas actividades tuvo presente la necesidad de mantener a las industrias y el comercio en sus funciones para proporcionar al público en general la mejor forma de cubrir los requerimientos de su vida, a cuyo fin contribuyó a la celebración en La Habana, de uno de los Congresos de Comercio y Empleo, más importantes de aquellos días, que tuvo la visita de Mr. Cordell Hull, a la sazón Secretario de Estado americano, quien hubo de celebrar la organización y desarrollo del mismo, manteniendo el principio de su conveniencia, ya que, en la lucha por los mercados, «los pueblos comercian o pelean», política que desde el inicio de su gobierno desarrolló el Presidente Grau, manteniendo la práctica del intercambio, independientemente de las razones que en otro orden le movieran a no mostrar simpatías por el sistema interior de sus gobiernos. La atención de cubrir las necesidades de su nación era prevaleciente para él sobre sus criterios políticos.

* * *

Y con ese mismo principio un día, ésto anteriormente en la Presidencia, me explicaba algo parecido relacionado con el problema de la carne vacuna, para la que llegó a autorizarse la venta de ella en camiones y envuelta en celofán....

Para aclararme los detalles de algo que iba a «no disponer», me decía que, aunque él, como médico, estimaba que, en definitiva, debía seguirse el sistema americano de los grandes mataderos y el transporte de la carne sacrificada, congelada, en vez de seguirse el sistema entonces en uso, de trasladar las reses por ferrocarril desde Camagüey, en carros sin espacio, ni siquiera alimentos y agua, lo que hacía, y aquí hablaba el médico, que las reses perdieran su peso, y ya más en su ciencia, se produjeran en su carne elementos que bajaban su calidad. Pero, bien, terminó su explicación diciendo que cambiar el sistema, de modo que el sacrificio se hiciere cerca de los sitios de producción del ganado, requeriría una transformación tan notable en muchos sentidos, que de momento sólo produciría trastornos en las once operaciones, que me detalló, desde el nacimiento de la res «hasta el bisté que a usted le sirven en la mesa». De manera, que procedía teniendo en cuenta, no su pensamiento, sino analizando, como un maestro de Derecho Administrativo, entre los componentes del acto o el servicio público y cada uno de sus elementos, la conveniencia o la utilidad en todo momento de la acción del gobernante. En cuanto al caso que estudiaba y mi informe, su decisión: «deje eso así; ya tendremos ocasión de intentar hacer lo debido». En esa forma, acudiendo a la forma plural de expresarse corriente en él, me colocaba en situación, como si fuera yo algo más que un mero informante del aspecto legal de lo que había opinado por escrito.

* * *

En la industria azucarera tuvo otras iniciativas realmente atrevidas y finalmente provechosas. Una de las primeras medidas de su gobierno fue poner a trabajar los ingenios inactivos, tres de ellos, si la memoria no me es infiel. Mi informe legal era adverso al proyecto, por entender que el caso resultaba una intervención en la propiedad privada, dentro de la ortodoxia jurídica. Por fin, la medida se dictó, hubo alarma entre los dueños de los ingenios, algunos de los cuales, directamente o por medio de sus letrados, me visitaron para exponerme sus razones, en ciertos puntos coincidentes con los argumentos de mi citado informe. Como es natural, yo me limitaba a escuchar sus argumentos, sin expresar los míos ni en el punto de la coincidencia de la función social de la propiedad, un concepto llevado a la Constitución, sin sentido alguno. Uno de ellos no se limitó a exponer sus razones, sino que agregó que iba a interponer los recursos procedentes, lo que le admití como un derecho. Mientras tanto el Presidente recibía a los interesados y cambiaba impresiones con ellos. Los que se oponían a la rehabilitación de *sus* centrales lo hacían alegando lo costoso de esa operación y el bajo precio del azúcar en ese momento. En la entrevista, después de oír sus razones, el Presidente les hizo una pregunta simple, o sea la de cuánto les costaría hacerla. Uno de los interesados le dijo que «algo así como medio millón de pesos», a lo que el Presidente le formuló otra pregunta: «¿Y no la haría usted si el gobierno, lo librara de los impuestos hasta cubrir el importe de esos trabajos»? Al interrogado y los demás presentes les cogió de sorpresa, y aunque de momento dudaron, aceptando la fórmula presidencial, lo planteado se dispuso y hubo, como decía en su Decálogo, «dulce para todos». La rehabilitación de los ingenios representó para la población un resurgir del trabajo y el pueblo celebró con fiestas y gozo la operación. El que iba a recurrir, tiempo después, en un encuentro ocasional, me dijo que había desistido de su propósito: el ingenio muerto había resucitado...y el Presidente Grau había conseguido lo que le interesaba, que las comarcas aledañas vieran abiertas de nuevo, otras fuentes de trabajo y bienestar.

* * *

En materia social, laboral u obrera poco tuvo que disponer, pues el sistema en vigor había nacido en los famosos «cien días de Grau» y el sentido de su aplicación en la vía administrativa, fue de justicia y de distribución, de conformidad con su credo ya expuesto, de colaboración y participación, ésto es de conciliación de los intereses. Ello se logró en la cuestión azucarera, con la participación de los colonos en las mieles finales y de todos los participantes en la producción del azúcar con el «diferencial azucarero». Como parte de sus efectos corresponde a las «anécotas» sólo voy a limitarse a dos puntos: uno, en la causa 82, fue el último punto en resolverse; el otro, fueron las menciones que oía en las reuniones de los miércoles en el «Patio de la Cubanidad» cuando lo visitaban obreros de ese sector, refiriendo experiencias propias. Otro fenómeno fue el de que ya para las zafras no se necesitaba traer haitianos, como durante muchos años se hizo, sino que los cubanos ya iban al «corte y alza» de la caña porque ese duro trabajo tenía compensación económica. En el fondo, es un aspecto, no bien considerado en la actualidad en los Estados Unidos con la llamada emigración ilegal o de indocumentados.

* * *

Desde el inicio de su gobierno resolvió también lo de la legalidad de los gremios obreros, dándoles un sentido democrático, mediante la organización con base en los agremiados y el voto libre, principio que mantuvo para ser fundamento también de la legitimidad de los cambios de gobierno y de la representación popular en aquellos.

* * *

En cuanto a las medidas de mejoría de las clases obreras, trabajadoras, por lo general se adelantaba a los conflictos, bien evitándolos con sagaz previsión, o resolviéndolos con la aplicación, no sólo de las normas legales aplicables, sino con la justicia que pudiera faltar en las mismas. El buen sentido de lo hecho por él puede confirmarse en la resolución ministerial que dispuso el cierre de los casinos habaneros en que, como ya se expuso,[5] su acción rápida evitó no sólo conflictos de orden público, sino también reclamaciones de tipo social.

En resumen, puede decirse que la «cuestión social» dejó de ser durante su gobierno, una *cuestión* de enfrentamiento para convertirse en una *cuestión* de *entendimiento*....

* * *

En algunas ocasiones he escrito artículos con diversos aspectos de mi visión de la acción del Presidente, escogiendo siempre para tratarlos casos en que empiezo por reconocer que mi informe legal ofrecía razones contra lo propuesto. Mi función, entendí siempre que era la de marcar si la resolución o decreto sometido a mi consulta legal se sujetaba a los preceptos aplicables de la legislación vigente. Y uno de esos casos fue el Derecho conocido popularmente como el «del 6 x 8» a virtud del cual se establecía que los choferes de ómnibus cobrarían con esa diferencia, el jornal correspondiente a los conductores. Me basaba, con una interpretación directa de la Constitución que ésta establecía que «a igual trabajo, igual remuneración», que era, además, el criterio aplicado por el mismo Ministerio proponente. El Presidente firmó el decreto con alguna modificación de estilo, mas, con su proverbial delicadeza, y como si quisiera darme una explicación (que para mí resultó una lección de Fisiología) en una oportunidad próxima, en que se trataba otro caso, terminado el mismo me hizo una pregunta un tanto extraña para mí: ¿Conoce usted este libro? y me mostró uno escrito en francés, sobre la fatiga. Claro que yo no lo conocía; pero él entonces me expuso brevemente su tema, agregando algo más referente a una observación suya durante una visita hecha a la Costa Azul, en que vió cómo las golondrinas que venían volando sobre el mar, desde la costa africana, chocaban con los farallones europeos, lo que le llamó su atención y que el citado libro explicaba, como ocasionado por el agotamiento que el cansancio producía a las aves, que imposibilitadas de descansar sobre el agua, hacían sus mayores esfuerzos por arribar a la tierra, y cegadas ya por la fatiga, caían en forma aparentemente inexplicable. Pues, bien, me agregaba, eso mismo puede sufrirlo el que maneja un automóvil en una carretera con la vista fija en una cinta gris de asfalto, o de igual modo, el chofer de un ómnibus que tiene que estar parando en cada cuadra, como entonces se hacía, y atendiendo a la subida y bajada de los pasajeros, y, a evitar el efecto de ese cansancio, en daño del público, es a lo que ha tendido la medida dictada. Los conductores pretendieron la aplicación de la norma constitucional, pero la explicación del profesor de Fisiología sirvió para dilucidar la situación, en efecto diferente de unos y otros en el transporte de pasajeros. Aprendí ese día algo de medicina, al par que apreciaba cómo el criterio científico es útil a un gobernante para proceder debidamente.

Un día, ya en marcha «la revolución» iba en un ómnibus hacia La Habana, y de pronto el chofer frenaba y hacía señas a los que le seguían para que hicieran lo mismo. La explicación era que ya la casa del ex-Presidente no tenía jardinero y la servidumbre disminuido, y en un descuido, había quedado abierta la puerta del jardín y los dos gansos de la casa salieron a dar un paseo por la 5ta. Avenida, de Miramar....

* * *

En una crónica reciente, el distinguido político y escritor peruano, Luis Alberto Sánchez, reseña su defensa del lema «Gobernar es nutrir» durante los debates, en 1979, en la Asamblea Constituyente de su país. Procediendo con honestidad, reconoce que esa fórmula era «sólo a medias original», ya que cita otras varias anteriores como la de Alberdi, «gobernar es poblar» o la de Sarmiento «poblar es educar», lemas ambos que los argentinos supieron aplicar para darle grandeza a su nación.

A mí me interesó mucho su artículo, y ver como en su nación se acogió el principio, reconociendo que se puso el acento en la agricultura «fuente de nuestra nutrición», según concluye.

El tema me hizo recordar otra de los lemas que el Dr. Grau formulara con cierta semejanza al indicado del escritor peruano. Refiriéndose al jornal obrero sostenía el que llamó, finalmente, «jornal integral» o sea, el mismo que alguien presente trató de igualar con el antes formulado por el socialista francés Fernando Lassalle que denominó «salario de subsistencia». El Dr. Grau con la rapidez de su mentalidad aclaró su pensamiento, dando a entender que había tenido en cuenta la idea del mencionado socialista; pero que la consideraba poco útil, ya que en el fondo, sería conservar al obrero como la mera pieza de una maquinaria para la producción. Citando su iniciativa del año 33, al establecer la jornada de ocho horas en los ingenios, de la que le dijo un interesado en contrario, que tal sistema obligaría a tocar la campana una vez más al día, lo que consideró él menos doloroso que las jornadas anteriores de doce horas, que no le permitían al obrero, o jornalero, más que mantenerse como esclavo de las tareas que rendía y «subsistir para la empresa». Y como siempre, ya con referencia la salario obrero, con su sistema habitual, recurrió a su comparación con un automóvil, al que hace moverse la gasolina; pero que dejará de servir si se descuida la asistencia del motor, de los neumáticos y de la carrocería; de modo, concluía, que había que proporcionarle al obrero la subsistencia (como expresaba el socialista citado) pero permitirle también cuidar debidamente de su salud, e incluso, atender sus necesidades familiares, de la educación y hasta la del entretenimiento para mantenerlo en el goce también de sus capacidades humanas. Ese fue un principio que incluyó en su «Decálogo Político» y que denominó «jornal integral», aunque deba agregar, que su preocupación iba más allá, pues en el mismo Decálogo, otro de sus preceptos incluía en su doctrina, que «gobernar es distribuir» con lo que expresaba que ya no se trataba únicamente del jornal, o sueldo, sino de proporcionarles la dicha y la felicidad a todos los componentes de una sociedad libre.

* * *

Pequeños detalles pueden darnos idea de la forma de proceder de un gobernante, cuando se trata de resolver un asunto cualquiera. Como un ejemplo de responsabilidad traigo a estas páginas una cuestión en que el cumplimiento de una oferta hecha en un instante, merecía ciertas consideraciones morales opuestas y como caso curioso, hace tiempo publiqué algo sobre sus vacilaciones que terminaron por ser vencidas por la «palabra empeñada». Decía así:

Una de las características del Dr. Grau San Martín, era la de sujetarse a la palabra dada en algún caso y en días en que tuve a la vista la obra de un devoto amigo del ex-Presidente me vino a la mente el recuerdo de una de las preocupaciones más desagradables de su gobierno.

Al principio de su mandato el Presidente hizo una visita a la Isla de Pinos, yendo al Abra, donde Martí había trabajado en la cantera de mármol allí existente. Los presos que entonces lo hacían, lo acogieron con simpatía y algunos de ellos se interesaron por sus indultos «en recuerdo del Apóstol», los que el Dr. Grau les ofreció conceder, ordenando que se tomara el nombre de esos presos para que después se instruyeran los expedientes procedentes, para la concesión de la gracia ofrecida. De esos trámites se ocupaban los funcionarios del Ministerio de Justicia, ya que entonces estaban tales decretos sometidos a requisitos y formalidades procesales, quedando el otorgamiento final de la gracia a la voluntad presidencial.

Cumplidos tales trámites fueron firmados algunos de ellos, hasta que llegó uno que le preocupó y lo sometió a consulta. Se trataba de un caso de violación en que la concubina del violador había contribuido a la realización del repugnante hecho. Sin embargo, lo más grave era que el Magistrado ponente, al redactar el «hecho probado» que indefectiblemente debía ser transcrito en el Decreto, hacía una relación drolática de lo más repugnante y más propia de escritores de la época actual, incluso con palabras calificadas de «malas», y que antes no figuraban tan prolijamente en el Diccionario de la Real Academia de la Lengua, y las cuales no eran siquiera necesarias para el castigo del caso, por no tratarse de un delito de injurias o de difamación, ni requerido expresarlas ya que el hecho material realizado era el condenable.

El Presidente estimaba que en cierto modo, estaba obligado por su oferta; pero, al mismo tiempo consideraba lo repugnante del motivo del delito, al par que podría estimarse peor que dejara de cumplir una promesa, aunque fuera ligera la misma, hecha en un momento de recordación de los sufrimientos del Apóstol, que seguramente hubiera manifestado igual repugnancia por el hecho sancionado. No necesito decir que lo expuesto eran deducciones mías, no palabras suyas.

Al fin, y ante su evidente deseo de cumplir una promesa, me permití sugerir, que de llegar a firmarse el decreto se sustituyeran aquellas *malas palabras* por puntos suspensivos, que era una práctica de antiguo seguida por la jurisprudencia española y la cubana, ordenando él que así se hiciera, y procediéndose de ese modo a que el nuevo proyecto fuera firmado y se convirtiera en un decreto válido.

Excediéndose en los detalles, el Dr. Solórzano, Secretario de la Presidencia, revisó cuidadosamente el nuevo texto, y se marcó con un lápiz rojo, en la carátula con que se remitía en definitiva al Ministerio para su diligenciamiento, una nota que indicaba que se habían hecho modificaciones en el texto. Al final, los llamados a darle cumplimiento al mismo lo hicieron mal, esto es, que en vez de hacerse las nuevas copias requeridas, entre ellas la que debía remitirse a la Gaceta Oficial para su publicación y efectos, se usaron las antes hechas, y que por lo general, se reservaban en obvio de tiempo, con ese objeto. De modo, que el Decreto apareció con la redacción primitiva, sin los retoques hechos, en la edición oficial correspondiente al 4 de junio de 1945, fecha que recuerdo por la resonancia del problema que suscitó la inserción completa (esto es «con pelos y señales», como suele decirse), del primer «resultando probado» de la sentencia.

La prensa tomó a su cargo la divulgación del caso y la edición de ese día del periódico oficial, por lo común el menos leído de la República, se agotó. Hubo alguna crítica (que éstas no faltaban en un régimen que permitía tales libertades) a la ligereza del Sr. Presidente y hasta, quizá, algunos vieran la oportunidad de hacer saltar del Ministerio de Justicia al Dr. Carlos E. de la Cruz haciéndosele culpable del asunto.

Para aclarar la cuestión el Presidente dispuso una investigación, y en vista de la cual, resultaba que el Ministro sólo había intervenido en el refrendo del Decreto dictado, lo que hizo debidamente y sin alterar el texto firmado por el Ejecutivo, como era natural.

El cumplimiento de los trámites necesarios para su efectividad corría a cargo del Subsecretario, pero la atención de las copias, hechas por los mecanógrafos, y la autenticidad de las mismas eran atenciones del jefe de la Sección correspondiente, al que da la casualidad que en esos días se le festejaba por haber arribado a los cincuenta años de servicios en el Ministerio sin mala nota en su expediente... Ahí quedó cerrado el caso, no sin que en la mente presidencial quedaran, a mi juicio, algunas dudas, que fue dilucidando con el tiempo con sus preguntas sobre el por qué de la sustitución de algunas palabras por los puntos suspensivos, costumbre seguida para mantener las buenas formas en la expresión, o también para ocultar el nombre de las víctimas de delitos que pudieran serles perjudiciales en el futuro, con la mención de los hechos sufridos, es decir, cuidando el honor de aquéllas, aparte de mantener la prosa judicial dentro de los cánones del buen gusto y la educación que las costumbres prescribían, y cuyo desconocimiento hace famosos hoy, a muchos novelistas actuales.

Otra duda quedaba dilucidada con el expediente: legalmente, la Ley del Servicio Civil dispensaba de responsabilidad a los superiores por las faltas atribuibles a los subordinados, que como en el caso de las copias, debían ser del cuidado de los inferiores, y en cuanto a la terminación y archivo del expediente incoado, era también, en último extremo facultad evidente de la gracia presidencial de indulto....

Alguna vez, le oír decir (pienso yo, que recordando el incidente) «lo que hay que hacer es tener más cuidado», sin llegar a saber yo a quien fuera dirigida la expresión...quizá, si a sí mismo.

Pero de la anécdota referida lo que quedaba en pie era su concepto de que un caballero no debe dejar sin cumplir su palabra y menos, al tratarse del Presidente de la República, agregando para fortalecer su criterio unos versos del Romancero español que recitaba, diciendo:

> Debe el señor principal
> procurar siempre acertalla;
> pero, si la acierta mal,
> mantenella, y no enmendalla.

No quiere decir que la norma de la copla fuera un criterio inflexible para él, sino que atendiendo a la índole de cada caso, procedía en consecuencia. Veamos, pues, otro asunto en que así lo hizo.

* * *

Otra vez, actuando con claro juicio y previsión, evitó a un ciudadano y al gobierno, consecuencias desagradables, e injustificadas, y cuyo recuerdo vino a mi mente leyendo hace poco, una crónica en la que el Dr. Santiago Rey, de larga actuación en la vida política cubana, recordaba a Agustín Parlá, uno de los pioneros de la aviación cubana, que en los lejanos días de su hazaña, me tuvo algunas horas esperando en el Malecón habanero la llegada de su avión por el vuelo que había iniciado en los Estados Unidos. Esa crónica lo que me trajo a la memoria fue una gestión del citado aviador, años después de su proeza, la que mereció un sencillo monumento en el pueblo del Mariel, donde arribó en aquel intento.

Por méritos de su valor alcanzó años después un cargo de «inspector de aeropuertos», si no recuerdo mal, en días en que la aviación comenzaba a cobrar importancia y los sitios de salidas y arribos empezaban a ser preocupación de los llamados a evitar accidentes en el nuevo medio de transporte personal y comercial. En ese punto también recuerdo que una vez en que fui designado para un tribunal de exámenes de la asignatura de Comunicaciones y Transporte me pasé una noche revisando el libro de texto de la materia y me sorprendí que en él se afirmara que las pistas de aterrizaje no debían ser ni blandas, para evitar el atascamiento de los aviones de entonces, ni demasiado duras para provocar la rotura (*ponche*) de los neumáticos, y no se piense que el profesor no estuviera al tanto del asunto, sino que podía aplicarse al caso el dicho de uno de los farmacéuticos de La Verbena de la Paloma, de que «¡hoy las ciencias adelantan que es una barbaridad!»...

Ese progreso no sólo era rápido en cuanto al desarrollo del tipo de los aparatos, sino de tal modo, que a poco de anunciarse el adelanto de un modelo, ya resultaba estar siendo sustituido por otro que aventajaba al anterior hasta en la toma de energía y la distancia de los vuelos y desde luego, en las pistas. Así, por una causa u otra, el Ministerio inició un expediente que tendía a apreciar sus condiciones para el cargo que ocupaba Agustín Parlá, el recordado héroe, como cabía calificársele, pues lo era quien emprendió su celebrada hazaña confiado en un biplano hecho con tela y cañas de bambú sujetas con alambres y aparatos primarios para la navegación, debido a lo cual fue a aterrizar al Mariel.

El vivía a la sazón frente al parque de San Juan de Dios, en el viejo edificio que ocupó el Gobierno Provincial de la Habana hasta que éste pasó al situado en Monserrate. En la esquina siguiente, tenía yo mi bufete y una tarde se me presentó Parlá exponiéndome el caso del referido expediente en el que, como es natural, nada podía hacer yo, pues era asunto ajeno a mi cometido. Pero, me dijo algo que me hizo pensar: nada menos que estaba dispuesto a ir al monumento del Mariel y allí darse un tiro ante el mismo, para acusar de ese modo al gobierno que desconocía sus méritos. Le dirigí palabras tratando de calmar su situación y terminó enseñándome una carta que quería hacer llegar al Sr. Presidente, para lo que me visitaba. Le expresé que no tendría inconveniente, aunque no era tarea a mi cargo, en cumplir su deseo, si previamente me permitía leer su contenido, lo que hizo entregándome la misma que se limitaba a lo expresado.

Ese mismo día con una breve nota, la remití al Presidente con el despacho pendiente y apenas leída, el Dr. Grau me llamó; ligeramente le expliqué lo que ya dejo dicho y a la mañana siguiente ya tenía el Presidente una solución un tanto salomónica, pero adecuada a la cuestión. El expediente se aceleró en su tramitación, e inconforme con la resolución recaída, Parlá presentó su renuncia y aquí viene la capacidad humana y efectiva del Presidente Grau para darle una solución adecuada al caso. La renuncia debía aceptarse, pero el gobierno, entendiendo que su personalidad podría ser de utilidad, y de más provecho, en la propaganda del tabaco cubano, Parlá fue designado en la Comisión correspondiente con ese carácter, quedando satisfecho Agustín con el cambio y para mostrarme su gratitud por mi pequeña gestión, me dedicó una postal en que aparecía junto a su biplano Curtis el día de su arribo al Mariel, que conservé hasta mi salida de Cuba.

Eran días próximos a la Navidad, los trámites burocráticos demoraban el abono de los meses debido después de resuelto el expediente, y volvió a verme interesándose en el caso que puse en conocimiento del Secretario de la Presidencia que se interesó en la total liquidación de lo adeudado y así pudo el recordado héroe de la aviación cubana celebrar su Noche Buena.

Mas, ahí no quedó todo. Habían pasado varios años, vinieron los días de mis frecuentes visitas al Dr. Grau y en uno de ellos, y no recuerdo cuál, al llegar a su despacho, él tenía separado en el sofá, un periódico con la página marcada. Apenas nos saludamos me preguntó si había leído la prensa del día y al contestarle negativamente, me dijo «pues lea» y ví la noticia de que Parlá, puso fin a su vida, de ese modo trágico, que comentamos, para terminar el Dr. Grau, diciéndome: «¡vea de la que nos libramos!, pues si entonces hubiera tomado esa decisión, sin la gestión que 'hicimos' para impedirlo, calcule el gusto que se hubieran dado los comentaristas atribuyéndonos la muerte de un héroe joven que alcanzó la gloria y se ve luego incapacitado para mejorar su hazaña lo que le produce desencanto y desesperación».

Y esa relación no es traída sólo para destacar los perfiles humanos del caso, sino más bien una cualidad que debe tener todo gobernante, o sea, la capacidad de prever, y tratar de evitar, las consecuencias de actos sencillos que recaen como culpas en el gobernante, al igual que otros que se debatieron en aquellos días en que el que guiaba la nave, no sólo mantenía la brújula en buena ruta, sino que advertía la tormenta en las nubes lejanas.

* * *

Y esta relación me trae otra más breve aún. Un día al salir de Palacio me esperaba un caballero, por su porte y su trato, que me pidió que le atendiera en una breve petición, expresando que yo le había sido indicado por una persona de su amistad que le había dicho que podría resolverle el caso. Como en el anterior de Parlá, se trataba de hacer llegar al Presidente una carta. Le expliqué que tal tarea no era de mi competencia, no obstante lo cual, y pensando en el caso anterior, me dicidí a oírlo, diciéndole que no tendría inconveniente en cumplir su deseo si me permitía leer el contenido de su carta para apreciar la índole de la gestión. Así lo hizo; era muy breve, se limitaba a pedirle que se reconsiderara la resolución que lo ponía en situación de retiro en la Policía. Examiné después el decreto aludido que encontré normal, pues se citaban la ley que se aplicaba y las condiciones que concurrían para esa situación. Entregué la carta abierta al Secretario de la Presidencia y dos o tres días después el interesado me visitaba en mi despacho para reiterarme su gratitud, pues ya estaba resuelto su caso; me dijo que se le concedió una audiencia, que el Presidente, al que trataba hacía años, le expresó que ya se había dejado sin efecto su retiro y que se le iba a utilizar para la atención en el servicio de la caballería de la Policía. De ese modo sencillo, directo y sin complicaciones, cuyo fondo no llegué a poder apreciar; pero sí la forma suave con que se rectificaba un error, o una medida que podía serlo, dentro de las formas legales, indicando, según inferencia mía, que, en definitiva, era el Presidente el jefe de la administración. . . .

*　*　*

No siempre había quienes comprendían la función complicada de un gobierno liberal en sus normas de acción, y mucho menos que existiera un Presidente que en su concepto del deber tenía como el médico, que amputar extremidades, o recetar duros tratamientos, para aliviarlos o que el dolor fuera pasajero.

Ya fuera de la presidencia, en una de sus tertulias diarias, donde permitía la más absoluta libertad para dilucidar cuestiones anteriores de su gobierno, uno de los presentes con evidente ánimo de provocar un comentario sobre algunos de sus colaboradores, imputándoles la fama de que se hacía eco, mencionó a uno, cuya referencia no podía pasar ignorada para ninguno de los presentes. El Dr. Grau, después de una breve pausa, empezó a recordar, refiriéndose a una etapa de su vida de estudiante, remontándose a los días en que cursaba en Barcelona, la asignatura de Higiene, la que corría a cargo de un profesor, de apellido Esquirol, si no recuerdo mal, del que decía que era elocuente en sus lecciones y de claros criterios y el que en una ocasión distinguía la vida humana en dos fases: una, la primitiva, en que el hombre, en comunidad, era errante, de uno a otro lugar, ya que el estado de medios naturales le permitía nutrirse con solo cambiar de sitio. Llegados en grupo a un lugar propicio, se asentaban durante un tiempo, y con la imprevisión, que la abundancia permitía, extinguían los frutos naturales que tenían a la mano, incluso arrancando un árbol para coger mejor las frutas, y finalmente, desconocedores de la higiene, usaban un rincón apartado para ir depositando sus detritus y heces, hasta tal punto que aunque escogieran como tal depósito uno favorable por la corriente de los vientos, un cambio de éstos, o la acumulación abundante llegaba a hacer inhabitable el espacio ocupado y la solución era la de volver a andar para encontrar otro lugar con posibilidad de brindarles la alimentación y el abrigo que su vida nómada exigía. En otra fase posterior, que el profesor denominaba «civilizada», el hombre, en comunidad, se asienta en un sitio, atiende al cultivo para mantener su alimentación, y entierra las excretas y desechos y más tarde, ya en la época contemporánea, les da salida mediante el alcantarillado y los desagües y ésto, expulsar las excretas es lo que le permite al hombre moderno habitar un sitio determinado permanentemente.

Después, sin relación aparente con el caso planteado, habló de que en el ejercicio del gobierno hay también fases distintas: el gobernante tiránico, elimina las excretas sociales con el fusilamiento, la cárcel o la expulsión; pero el gobernante demócrata tiene, a veces, que utilizar medios que en su criterio personal rechazaría; pero, que como gobernante ha de admitir crear salidas o vertederos para recoger los productos dañinos de las excretas y desechos, y evitar el contagio que tales males producen en la vida social del hombre....

Y para los que hayan leído «Los Orígenes de la Francia Contemporánea» de Hipólito Taine, o conozcan las prácticas de usar humos y vapores, o el incienso en las iglesias y lugares en que se hacían misas de cuerpo presente, recordarán que en los esplendorosos días de los Luises, de Francia, los olores que despedían los cuerpos reales, en el tiempo en que se suponía dañino el baño, y la higiene no pasaba de prácticas empíricas, o del disimulo de las emanaciones nada gratas de los desperdicios acumulados en cubículos, como aún perduran en pueblos que desconocen las nociones más elementales de la higiene....

De ahí, concluía, la necesidad de mantener medios adecuados para evacuar ciertos detritus fuera de la sociedad, como si recordara las lecciones de su sabio maestro que mencionara esa tarde....

Y también puede deducirse de sus frases de ese día su preocupación por dotar de alcantarillado a las poblaciones para el manejo de las «aguas sucias», y de letrinas sanitarias al campesinado, para mantenerlas cuando menos, fuera de una circulación incontrolable, con daño para la salud pública. Esa tarde obscurecía cuando se terminó la reunión....

* * *

El Dr. Grau, el médico no abandonó nunca su método de observación, diagnóstico y busca de medicamentos o recomendaciones para tratamientos en asuntos del gobierno. De ellos hemos dado ejemplos y ahora vamos a referir uno más en que, no la atención del enfermo, sino la forma de llegar a él, le sugirió medidas de gobierno útiles para toda la población.

En el ramo de las obras públicas, utilizó criterios derivados de su capacidad de observación. No se olvide que en los días de su ejercicio profesional, el médico era «casero», es decir, «de visita», lo que obligaba a los profesionales de esa actividad a recorrer el territorio de la Capital desde la parte antigua de la llamada «Habana Vieja», hasta los nuevos barrios que se iban desarrollando, incluso fuera de sus límites que algunos calificaban como la «Greater Havana». Area tan extensa no podía cubrirse más que con medios propios de transporte; ya en sus días, el automóvil había sustituido al coche; pero las vías de soporte seguían siendo las mismas. Sobre todo la comunicación con la parte oeste de la ciudad estaba limitada por el famoso «Puente de Agua Dulce», que era la única vía para esa comunicación utilizada para los productos agrícolas de que se dotaba a la Capital. Así, el día mismo de su toma de posesión, en la primera ocasión disponible estaba en el famoso lugar y con obreros y funcionarios de Obras Públicas procedió a ordenar que fueran levantados los rieles de un ferrocarril que ya no estaba en uso, y comenzó la construcción de la que fue llamada Avenida de Dolores, creando una nueva vía de comunicación que no bastaba sin embargo, para descongestionar otras barriadas como la de Luyanó, problema que resolvió con la construcción del Paso a nivel, que sirvió para darle fluidez al tránsito de la zona, a la que agregó como obra de embellecimiento la llamada Virgen del Camino que se convirtió en otro lugar de visitantes capitalinos.

Y no digamos más de la llamada «Vía Mulata» al sur de la provincia pinareña, de la ampliación de la «Vía Blanca» y de las famosas plazoletas, que le dieron nombre al Ministro que las realizó, y en que el sentido de la libertad fue una preocupación del Presidente Grau. Una tarde, cuando empezaron a modificarse y volverse al anterior sistema de los choques frontales, me decía: «vea las formas de gobernar y sus diferencias; en mi gobierno me decidí por el método francés de las plazoletas, en vez de luces, que en definitiva son policías sin uniformes, que como los otros lo detienen a uno, en ocasiones aunque no haya nadie esperando para pasar». En conclusión, que hasta en ese simple detalle él se mostraba amigo de cultivar la libertad no sólo de palabra, sino de la circulación del individuo sin más limitaciones que las imprescindibles para su común disfrute.

No hay que decir que, como siempre ocurría, tales medidas no se juzgaban por su utilidad, sino por criterios políticos para sustituirlas sin consideraciones de valor.

* * *

He dejado como último ejemplo el de un proyecto de decreto al que el Presidente Grau negó su sanción, siendo excepcional que contra un acto inexistente que no podía siquiera ser recurrido en vías legales, se usaran la gestión personal, la presión del «compañerismo académico» y, finalmente un acuerdo de la Facultad de que formaban parte el catedrático evidentemente interesado y el que actuaba como Presidente de la nación.

El referido proyecto proponía conceder un crédito para una cátedra universitaria, la de Tuberculosis, a fin de mantener un dispensario, o centro de consultas, al fondo del Hospital Calixto García, con frente a la calle K, que era la que daba a la entrada auxiliar de la Universidad y la más utilizada por profesores y alumnos generalmente, para eludir la larga y penosa escalinata monumental del Alma Máter.

Mi informe fue contrario, no por el crédito en sí, que era práctica entronizada desde el gobierno anterior, sino porque estaría asignándose a una «cátedra en especial», y no al Consejo Nacional de Tuberculosis, cuya legislación declaraba que todo servicio de atención de dicha enfermedad estaría adscripto a dicho Consejo.

Esa razón legal, expuesta en mi informe era, además, un ejemplo al que solía recurrir para aclarar en mis lecciones, el concepto de los servicios públicos que la doctrina califica de «exclusivos», es decir, de los cuales el Estado, por una u otra razón, se reserva la prestación directa de los mismos o los pone a cargo de un concesionario o entidad propia, con *exclusión* de otras personas u organismos, incluso los oficiales, como ocurría con la definición legal.[6]

Alrededor de toda actuación presidencial, siempre aprovechada para la crítica en los pueblos, que por democráticos, lo permiten, se desató una campaña en que se acusaba al Ejecutivo, de deberse a motivos personales la determinación tomada, y la que cada quien atribuía a razones diversas, de modo, que hasta un entonces lejano estudiante de derecho, junto a otros, tomaron la cuestión como motivo de una oposición transida de propósitos diversos. Recientemente un panegirista suyo lo refería en su haber de actuación pública temprana y notoria.

Un día, un compañero de la Facultad, que era paciente del profesor interesado, me pidió que lo recibiera y oyera sus razones y yo le ofrecí hacerlo si obtenía la autorización presidencial, dado que no era asunto de mi incumbencia más allá del aspecto legal en que había evacuado la consulta. El Presidente, el Dr. Grau, al que le di a conocer la petición, no tan sólo me expresó que estimaba conveniente la reunión, sino, y como si quisiera brindarle otros argumentos a la tesis, se refirió al aspecto sanitario, o de higiene, de su determinación y con su autorización, recibí una mañana al interesado que iba acompañado de otro compañero de su Escuela. Ambos me expusieron sus razones sobre la atención médica que el dispensario en discusión brindaría, mientras yo me limitaba a darles a conocer mis razones meramente legales, agregando de paso, y sutilmente, los criterios higiénicos del Sr. Presidente. Personas muy delicadas, me oyeron atentamente, se despidieron con cortesía y quedaron en seguir la indicación que les hice, de someter el asunto a algún letrado ya que podía haber algún error u omisión en mi informe dada la compleja legislación en la materia. Nunca recibí otra noticia al respecto, ni supe de acción legal ejercida en el caso, sino una reacción de la Facultad de Medicina (de la que ambos, repito el Presidente y el interesado, formaban parte), que tomaba el acuerdo de un «voto de censura» al Profesor Titular y Presidente de la República, el Dr. Ramón Grau San Martín.

Años después cuando se luchaba por volver al rumbo perdido, en determinados momentos volvían a nuestras conversaciones recuerdos de «otros días, otros hechos y otros hombres» y así surgió el del célebre acuerdo de sus «compañeros», en que refiriéndose al mismo, y en su típica manera de recurrir al plural en la conversación, me dijo: «No sabe usted de la que *nos* libramos, pues en aquellos días, un profesor de Derecho, al conocer la gestión que se realizaba para obtener el famoso crédito, fue a pedirme otro para su cátedra, a fin de establecer en la misma un dispensario o clínica jurídica, al estilo griego antiguo...»

Por eso, de seguro, no volvió a su cátedra al cesar en la Presidencia y hasta me expresó su extrañeza de que, a pesar de no haberse reintegrado a ella, al terminarse el motivo de su licencia, no hubiera sabido de reacción alguna al respecto, salvo la de cubrirse interinamente su cargo....

Ahora, sí cerramos la parte dedicada a la labor presidencial de un profesor eminente que apenas cesado en el cargo, la Universidad de Miami le confería el galardón de proclamarlo «Doctor, Honoris Causa», siendo con ese motivo la única vez que salió de Cuba, después de abandonar la más alta magistratura del Estado cubano.

* * *

De un entreacto debo calificar para mí el espacio que va entre su cese el 10 de Octubre de 1948 y algo ocurrido durante el gobierno del Presidente Prío. Regresaba yo, en el mes de marzo de 1951, de la misión como Embajador Especial en el Uruguay, al acto de la toma de posesión de Don Félix Martínez Trueba, cuando fuera de la costumbre familiar, a mi llegada al aeropuerto José Martí, vi al Sr. Primer Ministro, que lo era entonces mi hermano Félix, con su ayudante y los médicos y oficiales de dicho aeropuerto, que le rodeaban. Apenas bajé del avión, darnos un abrazo y saludar a los presentes, él le entregó los papeles necesarios a los oficiales de la Aduana para su despacho y me llevó hacia un cuarto para decirme, después de informarme del caso, que el Presidente Prío quería que de inmediato, fuera a visitar al ex-Presidente Grau, contra el que se había iniciado una causa (la célebre 82), lo que hice poco después de dejar a mi esposa en la casa y ordenar un poco los asuntos, para dirigirme a la Quinta Avenida, la conocida vivienda del Dr. Grau. Este, con su proverbial gentileza, me hizo pasar de inmediato al comedor donde almorzaba, tan frugalmente como era su hábito, invitándome a acompañarlo, agregando al hacerlo, que para mí no sería como el suyo; como es natural tuve que declinar la invitación por haberlo hecho ya. Al terminar, subimos a su despacho donde me entregó los antecedentes que tenía del caso para su estudio. El lunes siguiente, pues esa visita fue el sábado de mi llegada, el Presidente Prío me recibió y después de una conversación de mera cortesía, hube de referirme a la buena impresión que pude apreciar en los países que había visitado brevemente (Uruguay, Argentina, Brasil y Puerto Rico) sobre la situación de Cuba y el juicio favorable sobre la acción de los dos gobiernos en que yo actuaba.

El Presidente Prío, como ya yo había sido informado por mi hermano, me expresó que él le había indicado al Primer Ministro, apenas conocida la noticia, que fuera a visitar al ex-Presidente para brindarle las facilidades del gobierno para su defensa y que, además quería, y me autorizaba, para que yo pudiera proporcionarle los antecedentes necesarios o solicitarlos debidamente de donde procediera, con ese objeto.

Refiero lo anterior porque sirve de explicación a que con tal motivo comenzara a visitarlo en alguna ocasión, hasta que dictado el auto de procesamiento, tuve que indicarle la necesidad de nombrar a un abogado para su dirección, por la incompatibilidad legal existente entre mi función oficial y las de tal representación. Me habló entonces de dos letrados que entre otros, le habían sido recomendados, los Dres. Carlos R. Menció y José Miró Cardona. De ambos, le dije que estaban dedicados a la materia penal en especial, sin otra consideración de mi parte para no influir en forma alguna sobre el que eligiera, que lo fue el doctor Miró Cardona.

GRAU, EN SU DESPACHO, ANTES DE ENTREGAR EL PODER EN 1944

SEGUNDA PARTE

DE LA PRESIDENCIA AL OSTRACISMO UNIVERSITARIO

> «Para los pueblos y para las instituciones no hay más triunfo perdurable que el mantenido y renovado incesantemente por la acción vigorosa de la inteligencia y del esfuerzo.
>
> ....
>
> El joven lanzado a la lucha social con todo el apasionamiento de la edad, con su necesidad de afirmaciones y sin haber sido educado en la meditación tranquila y prolongada, ni en la duda filosófica, aceptará como verdad indiscutible cualquier error que impresione su cerebro.
>
> Los hechos, como se dice comúnmente, tienen una fuerza de evidencia que contra ellos no valen razonamientos. Pero los hechos en sí no se discuten. Lo que sí se discute es su interpretación, tanto más cierta cuanto mejor se sepan apreciar las condiciones en que se realizan».
>
> Dr. Ramón Grau San Martín
> (Discurso de Apertura del Curso del 1926-1927, en la Universidad de La Habana)

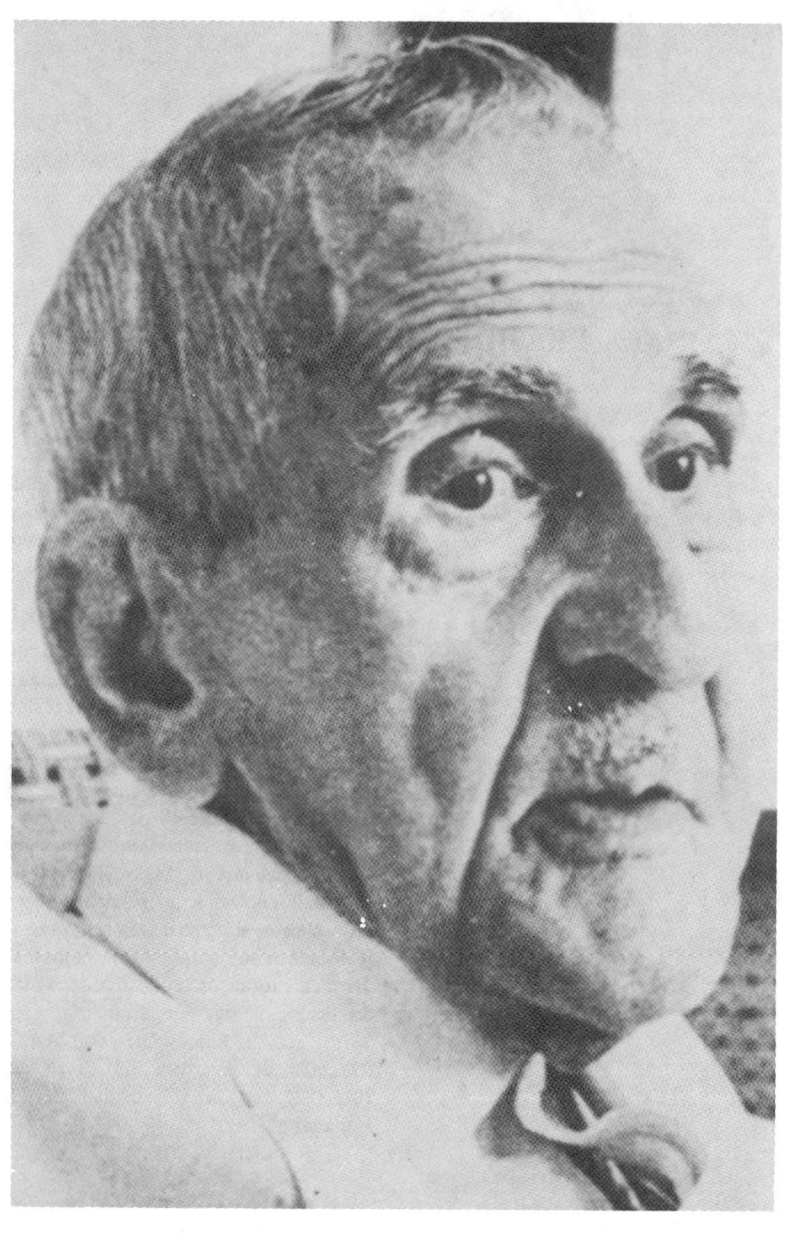

GRAU POCO ANTES DE SU MUERTE (1968). ENTRE DOLORES FISICOS Y MORALES

CAPITULO V

CAMBIO DE RUTA

El 10 de Marzo. — ¡Balas o votos! — El político. — Elecciones frustradas. — El Diálogo Cívico. — El fracaso de la tradición democrática

He titulado este capítulo «Cambio de ruta», porque en Cuba, al menos en el pensamiento de sus hijos, siempre estuvo presente el concepto de la democracia, muy especial por cierto, pues el respeto a la misma era de carácter formal; pero, nunca hasta 1952, se había acudido al golpe de estado ya que, afortunadamente, el levantamiento militar de 1917, fue vencido en forma un tanto inexplicable, pero caído al fin. Y aunque en cada año hay en el almanaque un «diez de marzo», no se necesita otro dato para que los cubanos sepamos a cual de ellos nos referimos.

No voy a exponer lo ocurrido, ni a expresar mi criterio, pues prefiero recurrir al de un destacado escritor, el Dr. Eduardo Borrell Navarro, que define lo sucedido en un solo párrafo, en que dice: «El 10 de marzo, cuando al presidente Prío le quedaban solamente siete meses para concluir su mandato, el entonces senador Fulgencio Batista (electo en los comicios de junio de 1948, donde Prío fue elegido jefe del Estado) encabezó un movimiento militar-civil, derrocó al gobierno constitucional y se autoproclamó Presidente Provisional». (Diario Las Américas, 4 de abril de 1984). Y no sé si para darle importancia, o para quitársela a lo ocurrido, el Dr. Carmelo Urquiaga, en un debate sobre la cuestión, afirmaba que: «Se sabe el hecho real de la entrada del General Fulgencio Batista con un grupo que no excedió de 13 ó 14 hombres»... en el campamento militar.

Ambos conceptos son diáfanos; la definición de lo acontecido correctísima, al igual que la afirmación del segundo, por lo que estimo que también, lo es el título que doy al minuto que cambió la práctica, la buena práctica anterior, de respetar los resultados electorales, al estilo americano, ésto es, con sus más y sus menos....Grato, en verdad me resultó ver que un escritor como el Dr. Borrell, haya señalado tan ajustadamente una conclusión de la que se deduce que en los comicios que cita y en que el Dr. Grau era Presidente, el General Fulgencio Batista pudo figurar como candidato, estando en el extranjero, y ser electo Senador de la República. Y ese cambio de ruta va más profundamente a herir la tradición cubana, ya que fue una línea seguida a través de todas las revueltas cubanas y de otros acontecimientos en plena República, el que siempre se proclamara la democracia representativa y su regla principal de la renovación a término, y periódica, de que dió antes un ejemplo el propio Batista, en 1944, celebrado como ya expusimos, por Emil Ludwig.

Aquel día de 1952, ya en posesión de hecho del Poder, Batista incluso, trató de encontrar a alguna persona de calificación para que ocupara la Presidencia, de momento; pero no halló quien se prestara a cubrir el expediente y tuvo, al fin, que arrogarse el servicio, único punto que merece una débil aclaración lo dicho por el Dr. Borrell.

* * *

Abramos un paréntesis para abundar en la tesis del ansia, (quizá no más que el ansia) democrática del político cubano: unos de profesión; otros, de oportunidad o parentesco. En una entrevista radial en Miami, hube de expresar que el conflicto cubano, a partir de 1933, se había centrado en dos hombres: Batista y Grau. Ambos admitieron tener un tiempo de maduración: Batista esperando la *ocasión* Grau, la garantía y la seguridad de un proceso efectivamente democrático. Ambos, pues, demostraron, a partir de ese año cierto grado de «paciente espera», y así anduvo el proceso *revolucionario* hasta encontrar la vía de la democracia representativa, en 1940. Lo expuesto fue un breve párrafo de mi exposición, alrededor del cual, el distinguido profesor y periodista, Dr. Víctor Vega Ceballos, con certero tino, dedujo una conclusión, como si fijara una doctrina en que afirmó que fue «la impaciencia la causa principal de nuestros males políticos».

Y vamos a seguir a grandes pasos, la confirmación de la tesis del Dr. Vega Ceballos. Comencemos por Batista. No cabe duda de que desde 1933, en que actúa como jefe militar, él ve caer a un Presidente, Céspedes, interino, pero en funciones; después el fracaso de los pentarcas, a los que sustituye Grau, que se ve forzado a renunciar, al igual que Hevia que lo sigue, en pocas horas; luego Mendieta de un poco más de tiempo, que también renuncia y entra Barnet que ya en 1936, y en una elección muy discutible, pero elección al fin, entrega la Presidencia a Miguel M. Gómez, que al poco tiempo, es desplazado del cargo, que pasa a ocuparlo, ya en una sustitución legal, el Dr. Federico Laredo Btú, que hace el número siete de los que han pasado por el cargo, mientras el jefe de la revuelta, Batista, espera la *ocasión*, que le llega en 1940, en forma anormal; pero, que le permite aparecer, en 1944 como el «héroe de la democracia continental»... Grau, no agrega uno más en esa lista de espera, por haber sido él, otro de la misma. Y torno a mi idea, y ratifico mis palabras antes citadas: esa paciencia para ir preparando la «jornada gloriosa», y continuarla, hacíale pensar al pueblo que esa práctica democrática ya no iba a abandonarnos y mucho más cuando a Grau lo sustituye Carlos Prío, en elecciones tales que no hay quejas en cuanto a ellas. Pero, ésta fue mi conclusión: cuando uno de esos dos líderes pierde la paciencia, la Isla acaba por caer en las manos que todavía la sostienen, a las célebres «noventa millas»....frente al Coloso del Norte y su Doctrina de Monroe....

De esa relación de crisis y sustituciones presidenciales, es fácil deducir que las oportunidades para el golpe de estado estuvieron presentes y que Batista prefirió la espera de varios años, para «llegar», cuando menos, con el ropaje democrático. En cuanto a Grau, también frenaba sus impulsos para obtener previamente un sistema democrático en sí mismo. Por eso, la democracia descansa más en los candidatos que son derrotados, que en los triunfantes. En Cuba, los que sufrieron derrotas (sin siquiera admitirse como limpias) permitieron la sucesión; los triunfadores que aspiraron a continuar en el cargo más allá de sus mandatos provocaron las crisis y las contiendas civiles. Y lo mismo puede decirse de nuestros pueblos hermanos. En Santo Domingo, por ejemplo, el Presidente Joaquín Balaguer es derrotado, en su segunda reelección y después como aspirante de nuevo, lo que basta comparar con la «era de Trujillo». En Panamá, en tres ocasiones, Arnulfo Arias electo, fue desalojado de la Presidencia y más recientemente, derrotado en una contienda que ofrece dudas de su pureza electoral. Y la lista resultaría muy extensa, cuando los ejemplos bastan para comprobar que el peligro para la democracia, está en los triunfadores. En Cuba, Grau fue un hombre que supo esperar y perder, siguiendo el consejo martiano, de que al poder «lo que suben de pie son los que tienen derecho natural a él». Y otro ejemplo, en que en una misma persona se dieron los dos casos fue el del Gral. Menocal. En 1909, perdió la elección; en su reelección, en 1917, se produjo la «revolución de febrero»; sus amigos mantuvieron su vigencia y aspiró en 1925, perdiendo frente a Machado y años después, en 1936, en igual sentido frente a Miguel Mariano, tomando después determinaciones que demostraban su respeto al sentido democrático, ocupando un palco cuando se proclamaba la reelección de Machado y dándole un giro a la Asamblea del 40, para facilitar con ello el ordenamiento, no muy severo, de la vida republicana, indicando a uno de sus partidarios más distinguidos, el Dr. Gustavo Cuervo Rubio para integrar la fórmula de Batista. Y ese juego de las aspiraciones y su conciliación de intereses es lo que mantiene a los Estados Unidos con la fama incontrovertida de ser en la actualidad, la democracia representativa más antigua....

Y sigamos con el paréntesis, ya no tan breve, para hacer una comparación con ese vecino cercano, reconocido como la nación más democrática del Mundo. Es un título que se lo tiene bien ganado y que descansa en un solo hecho: la periodicidad electoral. Ya lo señalaba Tocqueville, ya, en nuestro siglo, Lord Bryce y ya, en «nuestra América», es indiscutible que una sola elección le da visos democráticos a la nación que la logra; veamos, Argentina es hoy «democrática», porque un proceso electoral le dió fin al régimen militar anterior. Y así jugó en Cuba antes, la noción de la democracia, y para aclararlo voy a volver a palabras en que he expuesto esa noción incompleta, pero bastante para tenerse por buena.

Cuando Tocqueville y Sarmiento visitan los Estados Unidos, a mediados del siglo pasado, acaban por rendirle homenaje a la «democracia americana». No es de pensar, sin embargo, que a tan capacitados pensadores se les escapara que en esos mismos días de sus visitas, existía en la nación la esclavitud, que los *ciudadanos* no votaban (ni lo hacen aún) directamente por el Presidente, que el Senado tampoco era de votación ciudadana directa, ni que, en otros casos, el voto dependía del «censo» pagado, y todavía más tarde, ya entrado el siglo, cuando Bryce publica su obra sobre «La República Americana», esa democracia no representaba para él, en realidad, «ni más ni menos, que el régimen de todo un pueblo que expresa su voluntad soberana por medio del voto», pero conviene agregar que «lo ejerce periódicamente», con lo que el pueblo, directa o indirectamente, puede ratificar o negarle su apoyo a un candidato y, desde luego, cambiar en breves períodos de tiempo, de uno u otro tipo de política, sin perturbarse a la población pacífica y trabajadora, por las ansias impacientes de otros...

* * *

Enlazando de nuevo el tema, digamos dos palabras sobre la naturaleza y acción de nuestros líderes. Batista nace y se forma en el cuartel; su norma es la obediencia militar, que sabe disimular con gestos interesados para caminar hacia el destino que tiene deparado.

La personalidad política del segundo nace en los mismos días, pero es eminentemente civil y la hace el pueblo, en 1933, que se desborda en su presencia, que lo espera cuando vuelve del exilio, que le hace en su ausencia, un partido que toma el nombre del que Martí le dió al grupo que se le unió para conseguir, finalmente, la independencia. Y a su regreso no soslaya toda oportunidad de luchar por el gobierno de la nación con lemas cortos, significativos y exactos. Si en 1933, dice; «Cuba para los cubanos» es para darle participación activa al ciudadano en todos los asuntos del país, así nuclea el grupo que ha de seguirle; si a su regreso, se brindan oportunidades pseudo-electorales, él reclama: «Constituyente primero, elecciones después», con lo que persigue que el ordenamiento del país en lo jurídico, no esté a disposición de un gobernante *de hecho* con poderes omnímodos, y cuando al fin, consigue con su «paciente espera», ver su lema cumplido y promulgada una Constitución, un codicilo previo «sobre las Magistraturas del Estado» prácticamente le priva de toda posibilidad inmediata de alcanzar el triunfo, mas, ve en la *ocasión*, no tanto la oportunidad del contrario, sino el ordenamiento jurídico del país: ya no se podrá, al menos por el momento, seguir imperando la voluntad de un hombre sobre la nación. No obstante, ocurre el «hecho» y va a volver a la batalla «con los votos», que es la frase popular; pero, en el fondo, con el propósito de mantener el sistema democrático que está en peligro de desaparecer.

* * *

Esto lo presienten algunos de los complotados de menor rango y en la misma madrugada del *famoso Golpe* el Dr. Grau es detenido y conducido al Campamento de Columbia, donde tan pronto como se advirtió su presencia se ordenó a los oficiosos captores que lo devolvieran a su casa de la Quinta Avenida, quedando incomunicado. No obstante, un amigo suyo muy estimado, el periodista Miguel Hernández Bauzá, da detalles en su biografía, de cómo logró pasar y recoger unas declaraciones que pudieron ser publicadas por un periódico y en las que el «líder de la cubanidad», sintetizaba la situación diciendo: «¡Hemos caído en un barranco..., vamos a ver como salimos de él!». Y, en efecto, con la confianza que aún mantenía en el pueblo y en los medios de expresión democrática, se dió a pensar en la forma de poder sacar al país del barranco...

Este es un preámbulo necesario para explicarnos la labor posterior del Ex-Presidente, que poco después de aquellos hechos, indicaba que la fórmula con que, a su ver, podía salirse de la situación era la disyuntiva de: ¡balas o votos! y con una explicación más detallada de su acción futura, agregaba: «en lo personal, yo lucharé con los votos, puesto que carezco de las balas».

Y, así, con ese pensamiento, comenzó el restablecimiento del Partido Auténtico, que le había llevado a la presidencia y empezó, también, una lucha intensa contra los regentes del gobierno impuesto y contra los adversarios de su fórmula, que eran muchos, y los que, sin embargo, careciendo de otra, se oponían a la propuesta por él, del ejercicio democrático y popular del voto libre para salir airosos de la situación creada y devolverle al país el ritmo de la constitucionalidad, puesta en precario por lo sucedido.

El Dr. Grau, fiel a su consigna no abandonaba un solo momento su campaña, brindando oportunidades para la rectificación en el camino seguido, sin que viera abrirse la senda que hubiera evitado lo que los hechos relatados produjeron.

Cuenta Linares, en una de sus crónicas, que le oyó decir al Dr. Grau que él iba a hacer «política científica», en ese momento crucial. En realidad, lo que hacía era utilizar el sistema de garantías que la Constitución de 1940 había establecido en materia electoral para reclamar ante el organismo, que había sido dotado de facultades y poderes para mantenerlas en vigor y poder volver así a una contienda, si no «limpia», que las circunstancias reales impedían, a unos comicios que se efectuaran con la concurrencia del pueblo, libremente a las urnas, y que el conteo se celebrara con las medidas que garantizaron el triunfo de la democracia en 1944.

A partir, pues, de aquel momento, su decisión de combate fue continua, sin apartarse de su fe en el voto ciudadano. Al principio le era difícil encontrar adherentes; pero, a medida que la fecha comicial (varias veces pospuesta caprichosamente) se acercaba, la masa de los electores crecía a su favor y la campaña arreciaba. De la misma podría decir mucho, pues apenas terminada la contienda publiqué «El Proceso Electoral de 1954», el que seguí paso a paso, desde su inicio en que él comenzara su campaña por el restablecimiento del régimen perdido en las tinieblas de una madrugada y en el que las circunstancias me llevaron a colaborar en su lucha, sin pensar en llegar a integrar la fórmula presidencial del Partido Auténtico junto al Dr. Grau San Martín, proceso del que con palabras sencillas expongo sus peripecias en dicho folleto.

El proceso estaba lleno de recovecos y de falsos pasillos como los de un laberinto; pero el Dr. Grau seguía paso a paso, buscándole salida al drama cubano, y ofreciendo una lucha a la que, como jefe «de los votos», se le iban uniendo políticos interesados en mantener, por lo menos, la vigencia del sistema anterior. El gobierno «de hecho» anunció de inmediato «elecciones» para 1953», promulgando un nuevo Código Electoral para la contienda, y creó una «Comisión Electoral» que fue enfrentada por otra del Partido, que ofreció en una «Exposición razonada sobre el Código Electoral» dictado, sus objeciones. Como no mereció sino una publicación parcial, yo hube de incluirla totalmente en el folleto indicado. Su lectura bastará para confirmar el torcido curso que se le daba a la contienda ofrecida, ya que si bien se mantenía que se «seguía al Código de 1943» como un calco del mismo, en su texto pudieron estimarse numerosas cuestiones *fundamentales* en que se ponía al «Código» citado como un hijo bastardo.

Para ganar tiempo, se ofrecía otra fórmula: la de una Constituyente, a la que el Dr. Grau opuso como razón fundamental, la de que «si todos estaban conformes en pedir el restablecimiento de la Constitución de 1940, ¿qué razón había para cambiar de ruta, ya dados los primeros pasos para volver las cosas a la normalidad?...»

El gobierno provisional, finalmente, abandona su plan de una Asamblea Constituyente, y vuelve al camino electoral, «no por calle ancha, sino por callejuelas», usando una gráfica expresión de Martí.

Inexorablemente el tiempo va acercando, «a pesar de todo», la fecha comicial, sin visos de ser una contienda libre. El regateo es continuo: el Partido presenta sus objeciones; el gobierno hace que las oye;

pero cuando ha accedido, la medida aceptada no aparece en la forma acordada sin otra explicación que la de que «los mecanógrafos se equivocan» y hay que volver de nuevo a las discusiones para ir fijando normas de respeto y garantías al sufragio libre.

Él sigue el áspero camino de «la batalla legal» con «discusiones y tanteos», en «expectante desconfianza», en busca de una «garantía imparcial» a fin de que el lema que aparece impreso en los carnets de identificación, que dice que: «El Voto Honrado y Libre es la Base de la Democracia», deje de ser meras palabras y vuelva a tener el valor de los comicios anteriores a la nefasta fecha. Así se discuten: «la representación en los colegios electorales», «las presidencias» de los mismos, «la llamada cuestión de la paridad», se celebran las «conferencias del Capitolio», que son los hitos para marchar «hacia las elecciones», en que interviene como mediador el Sr. Angel Cambó para superar una de las tantas crisis, que no abre más que un hálito de esperanza, de modo que el Presidente del Partido en un manifiesto en que con palabras de Martí expresa que «el déspota cede a quien se le encara...¡no cede jamás al que se le humilla!» y aún en una demostración de su fe en la justicia, dos días antes, el 29 de Octubre, termina el manifiesto que redacta, con estas palabras: «Sabíamos que no era fácil el camino a recorrer; pero a las puertas mismas de la victoria popular más extraordinaria de nuestra época, no esperamos que se pierda la fe o que el desánimo haga abandonar la gloriosa meta que el pueblo libre de Cuba se ha trazado hacia la consolidación de sus instituciones democráticas». Todo lo marcado por las comillas son epígrafes del mencionado folleto en que se ofrecen los detalles que de tales títulos pueden inferirse.

Una batalla más ardua y más limpiamente librada le hace a veces prescindir de sus criterios personales, de manera, que si tiene que ir, acude al Capitolio a informar sobre nuevas iniciativas para una reforma constitucional; después, se discuten otras medidas para darle garantías al proceso electoral y el Dr. Grau designa una comisión que integran el Gral. Manuel Benítez, Humberto Becerra, Hernández Bauzá y yo. La fórmula que proponen los del gobierno es sometida la misma noche al Dr. Grau, que la estima improcedente. El Gobierno admite, al fin, la modificación y el TSE decide la debatida cuestión de la representación en los colegios electorales tomando por base las candidaturas y no los partidos en su número.

Pero la actuación del TSE es tan poco propicia a la adopción de los acuerdos debidos que toma otra decisión, que necesita la aprobación del Gobierno para su validez. Apenas anunciado lo que propone, el Presidente de la Junta Provincial de Santiago de Cuba, declara, que de aprobarse, la situación de igualdad perseguida por el Partido no se lograría y el Dr. Grau recurre entonces a una gestión que me confía, o sea, la de ver al Presidente interino, el Dr. Andrés Domingo, que en una breve audiencia, y no obstante estar citado el Consejo de Ministros para conocer del asunto, me ofrece, que vistas las objeciones, me haría conocer lo resuelto en la reunión ministerial próxima a celebrarse, como en efecto me hizo saber su rechazo, poco después, por mediación de un alto empleado de Palacio. Ahora quedaba en suspenso el caso y la preocupación en pie. Algunos con quienes discute el asunto proponen una reunión con el «Presidente Batista», que está «con licencia».... por aspirar al cargo. Esta vez la reunión se efectúa en Kuquine. A la misma no puedo asistir por encontrarme el día señalado con fiebre y molestias renales; pero el Dr. Suárez Rivas, me visita por encargo del Dr. Grau, para informarme de lo discutido y conocer mi opinión, que dada la situación, no puede ser otra que favorable, atendiendo al momento y sus circunstancias.

En esos detalles referidos se ve su interés de mantener la batalla en acción. Con esfuerzos, las dificultades apuntadas se iban venciendo, los actos públicos iban aumentando en entusiasmo y asistencia y la campaña terminaba con el monstruoso acto de Santiago de Cuba, de verdadera y unánime consagración popular, que, quizá, fuera al mismo tiempo, una especie de termómetro de la situación que hiciera desviar la consulta popular, de los comicios esperados, a un fraude que combinando los más diversos elementos, se hizo efectivo.

Diariamente el Dr. Grau ha mantenido su tesis, las entrevistas entre la representación de los que gobiernan y el Partido han desbrozado algo el camino, aunque las metas siguen a iguales distancias: el gobierno ganando tiempo, la oposición puntos de garantía; la campaña sigue su marcha y el acto multitudinario auténtico, de Santiago de Cuba ya citado, da la tónica de la situación, y mientras el Partido mantiene su expectante desconfianza, el Gobierno presiona sin duda alguna, al Tribunal Superior Electoral, donde se discutieron primeramente dos medidas fundamentales: la composición de las mesas electorales para los comicios y la representación proporcional de sus integrantes teniendo por base las candidaturas nacionales, solución a que se llega mediante conferencias diversas; pero, que no dejan aún, la vía expedita para unos limpios comicios.

Se aproxima el día de las elecciones y el Partido plantea que se reproduzca el acuerdo del TSE, de 1944, en que se dispuso el escrutinio previo de la votación presidencial, a presencia del público y la autorización para la publicidad de las noticias, que siguen siendo los puntos candentes de la discusión, que el Tribunal niega en sus primeros aspectos y soslaya en el último, apoyado en el descanso dominical de los periodistas, sin tener en cuenta siquiera que el Sr. Armando Suárez Lomba, Decano del Colegio, en visita que hace al Tribunal, admite que los órganos de publicidad están dispuestos a trabajar en ese día. El Presidente del Tribunal desvía la cuestión, y en vez de resolver el problema, le rinde un homenaje, muy merecido, pero inoportuno, al inventor de la imprenta, Gutenberg, de Maguncia, y finalmente, los señores magistrados adoptan un alambicado acuerdo en que subsisten los inconvenientes, a lo que se agrega, que mientras el Dr. Grau y otros candidatos observamos por la televisión los alegatos del Dr. Olba Benito para obtener un plazo que le permita al Partido actuar debidamente, la policía disuelve ruidosamente a un grupo pacífico, de ciudadanos que esperan fuera de la casa, la determinación del Jefe del Partido, quien ante esa nueva evidencia, se ve forzado a dictar el «stop» (él usó esta palabra), pero la farsa sigue y los comicios se *celebran* sin una real concurrencia de votantes y propicios a todas las alteraciones...

Esa actitud del retraimiento electoral, al que nunca antes había apelado, fue unánimemente aprobada por la ciudadanía, mas pasados unos días le fue discutida y atribuida por propios y extraños el carácter de ser impropia. Los contrarios no podían gozar de un triunfo limpio; los partidarios, sobre todo algunos candidatos, atribuían al retraimiento su derrota, sin advertir que la misma estaba desde antes en manos de los manipuladores de los resultados, cuando el Tribunal Superior Electoral, se negó a dar las garantías ya antes acordadas por el mismo Tribunal (con otros magistrados) del escrutinio público.

En definitiva, para dar la noción exacta de lo hecho ese día, bastan unas breves palabras del historiador Mario Riera, cuando indica que en 1954 «Al ticket 'Grau-Lancís' se le *anotan* 188, 209» votos (según la primera edición de su libro, hecha en Cuba) que ya en la segunda aparece modificada en su expresión, cuando dice que «se le *contaron* a la retraída....» los mismos 188, 209 votos, en esa ¿elección? de 1954....

También se advierte en su útil obra, que «no secundaron el abstencionismo comicial.... los candidatos senatoriales y de la Cámara», lo que tampoco se ajusta a la verdad, pues el disentimiento surgió después, cuando el Dr. Grau entendió que no se debía colaborar con el Gobierno, tomando posesión y brindándose *de hecho* a mantener una oposición de muy dudosa efectividad en aquellos momentos.

El Dr. Eduardo Suárez Rivas, candidato al Senado por Las Villas, presente aquella noche, reconoce que «el retraimiento acordado por el Dr. Grau ha sido acatado por el P.R.C. (A). Es una consecuencia lógica de la carencia de las más elementales garantías para el ejercicio del sufragio. Las disposiciones últimas del T.S.E. podían haber creado de nuevo, el clima electoral, si hubiera aplazado los comicios. Defraudó el Tribunal al pueblo y a su alta potestad de mando sobre las Fuerzas Armadas» (Prensa Libre, La Habana, Cuba, 2 de noviembre de 1954, pág. 2).

Veinte años después, Eduardo, en un artículo que tituló «Refutando» (Diario Las Américas, 8 de agosto de 1974) ratifica su opinión diciendo: «Batista a pocos días de las elecciones convocadas, da un golpe militar y el 1ro. de noviembre, por medio de múltiples infracciones y uso de la fuerza pública, provocaron el retraimiento del P.R.C. (A) y de su candidatura presidencial Grau-Lancís. Ese día acompañé al líder auténtico en su casa».

Otro acto comenzaba, amparado tal vez, por aquella simplista interpretación del último párrafo del artículo 140 de la Constitución *restituída*, que podía aplicarse al nuevo mandatario, ya que seguía en el cargo sin haber pasado los ocho años que determinaba ese precepto, amparado solamente como antes habían sostenido algunos *sofistas*, en que la prohibición constitucional referida, únicamente comprendía al «que haya ocupado una vez el cargo», y él ya lo había hecho *dos veces*... Así se burlaba la norma fundamental el mismo día que se decía «restablecida».

Unicamente queda por referir algo sobre la instalación del gobierno «elegido», para lo que vamos a recurrir a lo que dijimos en el folleto ya citado, en sus dos últimos epígrafes: el primero dedicado a los festejos; el segundo, a pintar en breves líneas la situación en que quedaba el pueblo cubano. Sobre el comienzo del «nuevo» gobierno copiamos el penúltimo epígrafe, «abreviando, los incidentes posteriores de aquéllos que sumaban días y hoy (entonces) forman meses. Los trámites y los actos continuaban con regularidad, formal y extraordinaria: práctica de escrutinios con protestas y quejas de los propios elementos de la coalición; legislación de «remache» (Leyes-Decretos Nos. 1846 y 1848, de 21 y 22 de diciembre de 1954), para impedir recursos y reclamaciones y convalidar todo lo hecho, a fin de lograr 'la mayor tranquilidad pública', previa suspensión de las normas pseudo-constitucionales, destinadas a impedirlo, dado que el T.S.E., se negó por esta vez a ejercitar su facultad de iniciativa; amnistía propia para los actos realizados antes y después de las elecciones (Ley-Decreto No. 1991, de 27 de marzo de 1955); visitas de *pleito homenaje*, emulando las desde mucho antes descritas por Valle Inclán, en las páginas iniciales de su «Tirano Banderas»; acto solemne de entrega de los certificados con audiencias de estilo y bautizo de champagne, seguido del solemnísimo de la proclamación y del de la toma de posesión, en un día de descanso periodístico también; pero habilitado *entonces* para el mayor lucimiento de 'la fiesta'; recepciones de embajadas, presentando sus credenciales, comidas oficiales, revistas militares, funciones de gala, de todo lo cual se dejaba constancia en 'cinemaScope', con 'glorioso technicolor' y 'sonido estereofónico', para cerrar con nuevas diligencias de juramento a la 'bien burlada', la Constitución de 1940, que ¿recobraba así? su nominal vigencia. El entusiasmo del público, resignado y estático, era el único ausente en los fastuosos actos. Éstos terminaban y aquél seguía expectante, como si aguardara para expresarse, a que saliera por el foro del escenario bien montado, el actor que para coronar el espectáculo, pronunciara la frase que faltaba por decir: ¡la comedia e finita!» Y recordando a Bergson, pensamos que una comedia se transforma en tragedia cuando los personajes se ponen de pie y ésto ocurrió (ya venía ocurriendo) desde tiempo anterior como se deduce por el estado en que se encuentra la nación.

Y terminábamos diciendo como «epílogo», que: «En ese proceso eran pocos los que encontraron los caminos de paz, tan ansiados; lo demás quedaba en el mismo sitio: la vía de los recursos, el tranquilo quietismo, el insureccionalismo heroico, los frustrados comicios.... y el drama silente y profundo de la realidad cubana, latente en las entrañas de nuestro pueblo....»

El acendrado espíritu democrático del líder auténtico, no recurre a la «revolución». Habiendo nacido dentro de ella, conoce por instinto y su experiencia, el alto costo de su práctica para la nación y vuelve a su estilo de mantener su credo democrático, aún sin contar con la comprensión de políticos adormecidos y de un pueblo amedrentado....

* * *

El período que corre de 1954, al 58, tiene varias fases. 1955 parece ser un año tranquilo y ordenado; pero no, el dilema de Grau sigue vigente: ¡balas o votos! . . . . Hay que reconocerlo, los votos han fracasado y entran en la contienda, como es natural, las balas. Cualquiera otro, yo mismo, no hablaría más de votos; mas Grau sigue con la idea perenne de volver a la batalla. Entonces me habla, en mis frecuentes visitas, de la forma de evitar el desastre que entreví ante las brumas del momento.

De nuevo emprende otra labor de captación; pero, ahora, la lucha más intensa es contra los que ya tienen inscripto como propiedad, el título de «abstencionistas», más activos que el mismo gobierno, en combatir el sufragio. Paulatinamente se le van acercando algunos de los congresistas, disidentes antes de su criterio, y en la nueva batalla cívica los emplea en la propaganda y la acción legislativa, pues no hay que olvidar que la realidad se impone.

Pero, también hay que abrir otra ventana a la esperanza. La perocupación va extendiéndose por la ciudadanía que ha de decidirse por alguna de las varias sendas a seguir en lo que se encuentra uno, como Dante, al comienzo de la Divina Comedia: el gobierno trata de continuar en el disfrute del Poder, el Dr. Grau dispuesto a luchar de nuevo, con «los votos», y los terceros haciéndole más oposición a él que al gobierno, porque defiende la tesis correcta, es decir, el sufragio, que ya antes nos sacó del caos, en 1940. Hay, no obstante, ese grupo que se opone al gobierno y a las elecciones, que sigue una línea contraria a todo plan.

El mismo Partido Auténtico se encuentra dividido y el Partido nuevo, denominado Ortodoxo, que fundara Eduardo Chibás, también lo está en dos fracciones: una, la encabeza el Dr. Carlos Márquez Sterling, la otra, tiene como jefe más señalado al Dr. Roberto Agramonte, que sustituyó a Chibàs al morir éste; pero, en el fondo, presenta tantas divisiones como partidarios aparece tener. En verdad, los más son «revolucionarios». En definitiva, la masa del país también se ha convertido en dos grandes grupos, fuera de los combatidos «electoralistas», que son: los «revolucionarios intransigentes», en el exilio, y los que el mismo pueblo, califica de «ojalateros» que se conforman con desearle al gobierno que ¡ojalá se caiga! Hay que reconocer, pues, que la farsa electoral en que se convirtió el intento de 1954, ha dejado pocas esperanzas de obtenerse por la vía comicial, la salida airosa del «barranco», convertido ya casi en el abismo final y . . . perdurable. Aquel «drama silente y profundo» que antes he citado, «latente en las entrañas de nuestro pueblo» empieza a rugir; las preocupaciones alcanzan a muchos más, que piensan en la posibilidad (imposible casi) de buscar caminos de paz en el intrincado campo de la realidad cubana.

A esa situación de desconcierto une Batista, cediendo a la presión de los miembros del Congreso, la ley de amnistía (N°. 2, de 1955) a los que en 1953, invadieron el Cuartel Moncada, en Santiago de Cuba, creando así a un jefe que encuentra el apoyo de los elementos que pueden dotarlo de medios para poner las balas a funcionar, y sin más averiguaciones, el grupo, ayudado por unos, con dinero y medios, México, con su protección, y los abstencionistas con su propaganda, van formando una campaña que mantiene para el gobierno la situación del hijo del médico viejo, que le advirtió al joven que la garrapata que tenía el cliente en el oído era una forma de mantener al profesional cobrando honorarios. Ya el dilema es más concreto, ahora las balas hablan su lenguaje propio...pero el Dr. Grau sigue con su tesis que llama «cronológica», que unos tergiversan y otros combaten, auxiliando, según sus posiciones ideológicas, al gobierno en sus intenciones de permanencia en el disfrute del Poder. Hasta los cronistas políticos hacen comentarios ligeros. En el periódico Información, el Dr. Regino Díaz Robaina, que redacta esa Sección, expone su criterio sobre «la que se ha dado en llamar, 'la tesis cronológica del Dr. Grau', en la que seriamente no cree ni el profesor Lancís». Su expresión, como es natural, me forzó a una aclaración de conceptos, en el espacio que generosamente me había concedido el Diario de la Marina, recurriendo no sólo a la bibliografía que tenía a mi alcance, sino, además, a las Declaraciones Internacionales, de Bogotá (de la OEA) y de París (de la ONU), ambas de 1948, que la primera de ellas, en su «Declaración de los Derechos y Deberes del Hombre», definió, diciendo que: «la voluntad del pueblo es la base de la autoridad del Poder Público» y que esa «voluntad se expresará mediante elecciones auténticas, que habrán de celebrarse *periódicamente* y por sufragio universal e igual y por voto secreto u otro procedimiento equivalente que garantice la libertad del voto». No necesito decir que con lo de «auténticas» no se refería a nuestro Partido y que con el subrayado se pone énfasis en el concepto básico. El redactor citado que era persona gentil, desvió su argumentación por otros caminos, dejando sin debatir en su fondo, el principio que la primera de esas conferencias definió tan claramente y que la de la ONU hace en el mismo sentido.

La tesis expuesta y defendida por el ex-Presidente, no es, pues, un alegato falaz, sino un argumento para combatir, ya corriendo el período de Batista, los disimulados intentos de cambiar de nuevo las reglas del juego limpio, algo parecido a lo ocurrido años antes con la prórroga machadista. Entonces estamos ya en 1956; la discusión es sobre los planes oficiales para alterar el curso de la prueba comicial. Y en esa situación entra, como mediadora en el pleito, la Sociedad de Amigos de la República, bajo la dirección de D. Cosme de la Torriente.

* * *

Sus gestiones entre las diversas partes en conflicto, conducen a la celebración de reuniones a las que se les dió la denominación de «Diálogo Cívico», celebradas en la Casa Continental de la Cultura, en el mes de marzo de 1956, bajo la presidencia de su gestor, el Dr. Cosme de la Torriente.

El Diálogo Cívico mencionado fue un nuevo intento de buscar una solución, y bien atendido por Don Cosme, como popularmente se le conocía con respeto.

Yo llevaba la representación del Dr. Grau, mas, cuando se dispuso que fueran tres los comisionados, él completó su representación con los Sres. Miguel Hernández Bauzá y Miguel A. Olba Benito.

No voy a dedicarle mucho espacio ya que dos folletos míos (uno de los discursos de la oposición en el Diálogo Cívico, a mi cargo, y otro sobre D. Cosme) contienen elementos bastantes para conocer los trabajos realizados, hasta que en dimes y diretes, falacias y desvíos, feneció en la cuarta sesión de las celebradas conjuntamente entre los representantes del gobierno y los de las oposiciones.

Sobre éstas, cabe decir que el Dr. Grau no se opuso a que, a pesar de estar el Partido inscripto bajo su presidencia, un grupo de disidentes del mismo y de su criterio, estuviera también representado en el Diálogo, e integrado por el Dr. Manuel A. de Varona, Félix Lancís y Pablo Balbuena. No ocurrió lo mismo con el grupo de la llamada «Ortodoxia» que se negó a admitir en las negociaciones, al que dirigía el Dr. Carlos Márquez Sterling.

Conviene agregar que los sectores allí representados acabaron por admitir que la llamada «tesis Grau» era la única que podía esgrimirse para salir de la crisis insoluble. Fuí designado ponente de la «tesis constitucional», para devolver su curso a la República y en la exposición de la misma sólo tuve que modificar un primer párrafo en que señalaba, más bien por vía de ejemplo, el principio de la periodicidad y luego, en uno de los discursos al referirse un delegado a la «tesis cronológica», llegué a más, a decir que no estaba allí para defender la tesis «de un líder político determinado», sino alegando los principios de la definición democrática dada por las organizaciones, regional y mundial, antes citadas. Aquella iniciativa no tuvo éxito; una incomprensión general, que no es del caso considerar, anuló las gestiones de su propulsor, y cerró toda posibilidad al entendimiento cívico.

El Diálogo fenece el 12 de marzo de 1956 y en el mismo año, el 8 de diciembre, fallece el que fuera su sostenedor, Don Cosme. Ese fracaso, decía en su panegírico, «abatió mucho a su inspirador y tanto más cuanto se vió acusado de haberlo cerrado impropiamente». Mas, en su trágica carta de despedida, Miguel Angel Quevedo expone con claridad que culpables del desastre, también «lo fueron Gobierno y Oposición cuando el Diálogo Cívico, por no ceder y llegar a un acuerdo decoroso, pacífico y patriótico, y los infiltrados por Fidel en aquella gestión, para sabotearla y hacerla fracasar, como lo hicieron». Hoy, puedo agregar que fue una solicitud de los demás sectores representados en el Diálogo, en el que el nuestro ni siquiera fue consultado.

Ese fue uno de los dolores, que unido a otro de índole familiar y al de ver los «caminos torcidos» que tomaba Cuba, abatieron su espíritu, no sin expresar, ante notario, que: «el problema de Cuba no es un problema de la Justicia, sino de justicia», entreviendo la borrasca sobre su suelo.

* * *

Las discusiones del Diálogo Cívico sirven para poner en evidencia que las regulaciones un tanto comineras de la Constitución restablecida y las realidades encuentran dificultades para conciliarse, ya que las reglas de la toma de posesión y los períodos legislativos y otros detalles, están en evidente contradicción. El Dr. Grau las considera y le confía al Dr. Suárez Rivas, que ha vuelto al seno del Partido, la redacción de un proyecto de modificación constitucional para restablecer el sistema de las elecciones periódicas a su ritmo normal. Suárez Rivas, con quien siempre mantuve una buena amistad, me pidió que trabajara con él en ese nuevo empeño y benévolamente, después me atribuyó su confección, en su libro «Los Días Iguales» (pág. 294), como autor intelectual. No hay que decir que el proyecto, presentado al Senado, ni mereció la más ligera consideración, de modo, que se reservaba el Gobierno la potestad de resolver los puntos indicados, a su deseo.

Otra iniciativa entraba en el conflicto. Se acordaba la realización de un censo electoral; ¿con qué propósito? se preguntaban muchos, y la respuesta la daba el procedimiento seguido para conceder después a grupos determinados facilidades para poder inscribir partidos nuevos y, más tarde, el día de los comicios, ver convertirse los paquetes «de comida» de los soldados, encargados de cuidar el orden público, en boletas y carnets para decidir el triunfo de determinados candidatos y la derrota, como es consiguiente, de otros.

Pero, nuevamente se confrontaban las balas y los votos. Y en 1958, él volvía a la lucha comicial. Su fórmula, incluso, parecía ser ya aceptada por el régimen, puesto que el «cuatro de septiembre» de ese año, el jefe del gobierno en un discurso en el Campamento de Columbia, instaba a los que estaban en «las lomas», con las balas, a que bajaran y fueran a un proceso electoral en que hasta les brindaría unos «limpios comicios», con la intervención fiscalizadora de la OEA, lo que con un juicio muy acertado, aquéllos ni contestaron.

En esas condiciones, un día el Dr. Grau me pidió que viera al Primer Ministro, que lo era el Dr. Gonzalo Güell, quien gentilmente y de inmediato, me señaló una audiencia para las siete de la noche, en su despacho del Prado.

Yo era portador de una carta del Dr. Grau en que solicitaba la fiscalización de las elecciones por una comisión de la OEA. Para mí, esa petición era una sorpresa, pues ignoraba hasta ese momento la redacción del documento. El Dr. Güell me explicó las dificultades que podría encontrar tal medida a esas alturas y hasta me mostró un expediente en que se trataba de la inspección llevada a cabo por la OEA en Costa Rica, a solicitud del Presidente Figueres. En definitiva, quedó en contestarme, luego de consultar con el Gobierno, y así lo hizo el siguiente día, enviando a mi casa la comunicación en que se alegaba no ser lo pedido «una medida apropiada por no desear el gobierno hacer intervenir a organismos extraños en un proceso enteramente nacional».

Recibí entonces del Dr. Grau el encargo de redactar la minuta de la respuesta, basándola en los términos del discurso de Columbia antes mencionado. Una vez revisada y ajustada la redacción, en sus «puntos y comas», se le transcribían al gobierno (tan celoso de la soberanía en ese caso) las declaraciones del referido discurso, copiándolas de los textos análogos publicados por toda la prensa y los que nos había proporcionado el Sr. Luis F. Fonseca, persona muy adicta al Dr. Grau. La tesis era la confirmación del breve lema del Dr. Grau que el gobierno parecía haber hecho suyo, aunque tergiversando su sentido, para ofrecer a los que esgrimían las balas decidir la cuestión con los votos, en una contienda (muy discutible, desde luego), al par que seguía apoyándose en las balas contra los que buscaban una solución nacional con el arma de la democracia: los votos.

La argumentación resultó ser tan efectiva que el gobierno aceptó fríamente hacer la solicitud, aunque la OEA respondió que se carecía de tiempo para organizar esa fiscalización y el Tribunal Superior Electoral, por su parte, se negó, al igual que en 1954, a posponer la elección, la que como tal, quedó frustrada, y de tal modo, que su desenvolvimiento fraudulento trajo como consecuencia la huída de los gobernantes ante las balas, al hacerse patente la amenaza del no reconocimiento del nuevo gobierno, creado por aquellos falsos comicios de 1958, en que incluso, los americanos parecieron sentirse burlados en las promesas recibidas de darle una salida a la situación, proporcionando un «triunfo de la oposición».... que no fuera el del Dr. Grau..., pienso yo.

* * *

Resumamos la acción política del Dr. Grau, en este período.

A fines de 1957, sufrió el accidente que le impedía moverse libremente, no obstante lo cual, a poco menos de un mes del mismo, y sin estar recuperado (como nunca llegó a estarlo posteriormente) se reunió de nuevo la Asamblea del Partido y proclamó la misma candidatura anterior.

En esa nueva campaña el líder auténtico no dejó de hacer, directa o indirectamente, todo lo posible porque no se sacara el proceso de su cauce democrático. Con esas dificultades naturales concurrimos al mitin de Holguín, en que el propio gobierno se vió en el caso de advertir a un familiar cercano del Dr. Grau el peligro que representaba su concurrencia a dicho acto. No sé si le plantearían la idea de la suspensión del mismo; lo cierto es que asistimos y hablamos, en días en que ya parecía ser inminente la caída del régimen y toda la ciudadanía esperaba el triunfo de los héroes de «la loma». . . .

Ya no existía la Enmienda Platt (sic); pero al americano —el individuo— le molesta el perro del vecino, que ladra, el niño que llora, y vigila sus actitudes. Igualmente al americano que gobierna, le molestan los «ruidos» de sus vecinos, y dando una prueba de esa preocupación, es indiscutible que seguía con celosa mirada lo que acontecía en Cuba, y con delicadeza se mostraba interesado en su solución.

Como es bien sabido el ex-Presidente era totalmente opuesto a toda medida de intervención extranjera en Cuba, y en especial de los Estados Unidos. En 1933, mantuvo a raya a sus embajadores, y en 1944, sostenía cordiales relaciones con aquéllos, dentro de una línea de mutuo respeto; pero, ahora, en el plano en que actuaba, no podía negarse a hacer pruebas, ni oponerse a ciertas gestiones de trato con «los americanos»...

Ya en 1954, el Dr. Guillermo Belt nos había invitado al Dr. Grau y a mí a un almuerzo en su casa, al que concurriría también, un funcionario de la Embajada, Mr. Carlos Chase. Hubo una conversación, especialmente entre el mismo y el Dr. Grau de tonos muy generales, de la que yo, al menos, no saqué más, sino que fue una especie de observación de los que figurábamos enfrentando al Gobierno....No sé que juicio le produciría al Dr. Grau, pues él nada me comentó, ni yo nada le pregunté.

En 1958, fui invitado por Miguel Hernández Bauzá, con conocimiento del Dr. Grau, a un almuerzo, con dos jóvenes talentosos, cuyos apellidos aún recuerdo, los Sres. Topping y Caldwell. La conversación, de tipo general, terminó con la petición de ambos para que yo tuviera un cambio de impresiones con otro funcionario de la Embajada americana. Se trataba de Mr. William Boldwer, en la actualidad creo que ya retirado como Embajador de los Estados Unidos, entonces uno de los Cancilleres de la misión diplomática del país. Con Mr. Boldwer, la entrevista se celebró una tarde, en mi bufete. Persona muy preparada, que hablaba el idioma con cierto matiz argentino, me preguntó cual era mi opinión para salir del confuso momento que se vivía en Cuba y mi respuesta fue de una sola línea, o sea, que el gobierno americano dijera al actuante en Cuba, que si las elecciones convocadas y en proceso, no se realizaban limpiamente, su gobierno no reconocería al que se dijera electo, sin serlo. En puridad, yo no presumo de que esa indicación mía se siguiera, aunque sí fue la medida adoptada, y aplicada como la cebada del cuento, «al mulo muerto», ésto es, cuando ya los fictos comicios fueron un argumento más en favor de la instauración del desastre....Y que así ocurrió, aunque tardíamente, lo dice Ferrara en sus «memorias» (página 504)[7] de modo claro: «....el gobierno de los Estados Unidos, viendo a Batista en grave aprieto, pensó llegado el momento de dominarlo sin molestias para él, manifestando que no reconocería la elección de su sucesor». El resto se sabe....

A mí lo que me interesa destacar es que el Dr. Grau, para encontrarle una puerta de escape al incendio cercano, no titubeaba en pasar sobre sus ideas y mantener como principio dominante el interés de la patria.

* * *

El Dr. Grau ha hecho, pues, todos los esfuerzos posibles para evitar lo previsible. Ha vuelto a reunirse con los disidentes del Partido; ha utilizado a algunos de ellos en su nuevo esfuerzo y sobre todo, cuando alguien que lucha sin gran esperanza, al lado suyo, le pregunta en una ocasión si esta vez iba a volver al retraimiento en la víspera comicial, con palabras un tanto sibilinas le responde: «No; voy a ir, de todos modos; haré algo peor. . . , no faltar a ellas». Desde el inicio de la campaña del 58, no sé por qué yo advertía que algo más le llevaba a repetir la prueba; quizá (es una apreciación muy personal) para demostrarles a los que le criticaban el retiro de la elección de 1954, que sin las garantías legales no podía obtenerse ni siquiera unos comicios medianamente limpios, con los votos; ni esperar justicia de los que debatían una cuestión ciudadana con las balas, ni del Tribunal Superior Electoral, investido de facultades para actuar debidamente, y que no lo hacía; es más, agravando las condiciones que frustraron la prueba anterior. El mismo sistema produjo en 1958, como lo previó el doctor Grau, el caos.

En cuanto a los comicios en sí, el orden era normal; todo ciudadano, o persona cualquiera, que presentara su cédula, o la de un amigo, recibía su boleta y podía marcarla libremente. Lo *bueno* surgió a la hora de los escrutinios, cuando los paquetes que llevaban «la comida de los guardadores del orden», impolutos por demás, sirvieron para obtener el resultado perseguido por los que en Cuba se llamaban «muñidores electorales»....

Todo parecía correcto hasta el cierre de los colegios, en que ningún ciudadano podía acercarse para presenciar los escrutinios ....Esa misma tarde, al oscurecer, empezaron a llegar los partidarios al «Patio de la Cubanidad», donde él y yo esperábamos las noticias; éstas eran poco gratas. El recibía a los portadores de las mismas con una pregunta: «Y, usted, ¿qué hizo?». Las respuestas eran variadas; su conclusión idéntica; así algunos que le habían censurado en 1954, ahora venían a quejarse de la *nueva brava*.

Esta vez el Partido presentó un largo escrito pidiendo la nulidad de las elecciones, siendo los datos aportados más que suficientes para, en buen derecho, acordarla; pero, el Tribunal de la Justicia electoral, totalmente polarizado, volvió a la ya célebre votación de aquellos días: los tres magistrados, que «ya eran» (jueces del Supremo) contra los dos (de la Audiencia) que aún esperaban la oportunidad de llegar a serlo, también.

Con la reclamación se acompañaron las pruebas pertinentes de los diversos tipos del fraude cometido, siendo de destacar que entre esas quejas se encontraban las de algunos candidatos del mismo grupo, ya que la intención, por lo visto, rebasaba el deseo notorio de obtenerse el triunfo de sus candidatos principales, sino, que además, alcanzaba a la de escoger entre los de menor rango, los indicados por el *índice supremo*....

En el orden legal, se intentó, pues, todo lo posible; de nuevo un solo voto de diferencia evitó que el organismo supremo de la *pureza electoral*, anulara los comicios en que hasta el papel de los votos contados no era el legítimo. Su comentario anterior quedaba en el aire, y la inconsciencia general nos llevaría al «algo peor», previsto por Grau.

Nunca, pues, él perdió su fe democrática, de manera que a cada intento de cometerse un fraude, estaba presta su reclamación, siempre dirigida a lograr una contienda electoral efectiva. No negó su participación en el «Diálogo Cívico», que iniciara el Crel. Cosme de la Torriente, y en el cual la «doctrina universal democrática», o «tesis cronológica», según la bautizara él, fue la que prevaleció para los planteamientos de la «oposición»; no dejó de concurrir a una iniciativa parlamentaria, para informar, no obstante su distanciamiento de sus propios partidarios del Congreso, entonces; ni dejó de auspiciar la proposición del Dr. Suárez Rivas para plantear una «reforma constitucional», a la que el Senado dió de lado, aunque la utilizara el gobierno, al advertir los desajustes acusados, para, finalmente, arreglarlos a su modo y hacer compatible lo uno con lo otro.

En la propaganda, mejor, en la exposición de los principios que le guiaban, no desechaba ninguna oportunidad de ir a la televisión (que hasta alguna vez lo utilizara una estación con el propósito de restarle oyentes a otra de más auge), o de ofrecer por la radio, programas de aliento para salir de la situación. Siempre su voz era grata al pueblo ya que le exponía con valor, lo que estaba ocurriendo y cómo había que mantener el espíritu en alto para la gran batalla.

Pero, definitivamente, los votos perdieron esa batalla, en que no pudieron hacer valer su función democrática, mas, dándose el contrasentido de que tampoco las balas la ganaran, sino que una simple indicación de la negativa, ya indicada, de un mero acto de reconocimiento, fue la que hizo a los que se sentían culpables, salir corriendo a buscar la puerta de escape....; el incendio cobraba fuerza y la lata ya no podía sostenerse en la mano....

* * *

¿Cómo terminó aquel proceso comicial de 1958 y qué sucedió después? Como interesado en el mismo, prefiero ceder la palabra a uno de los participantes en la contienda que con sinceridad que le honra, dice así: «La gran verdad de aquel minuto histórico fue que la ruta democrática eran las elecciones, aún las peores y ganara quien ganara, porque la alternativa era Fidel Castro y sólo nuestra inmadurez política podía preferirlo a cualquiera de los cuatro candidatos que concurrimos a las elecciones». Con tales palabras, el Dr. Andrés Rivero Agüero, candidato oficial del Gobierno, se expresa de la forma en que se celebraron esas *elecciones*, en un sensato artículo, publicado en el Diario Las Américas, en su edición del 30 de mayo de 1980, página 5. Pero, para confirmar algo que indicamos antes sobre lo que parecía ser la norma oficial, de que «Grau no podía triunfar», más adelante agrega: «Entre los candidatos de la oposición había uno que fue una derrota para Cuba, no para él, que no lo eligieran, nos referimos —agrega—al Dr. Carlos Márquez Sterling»...

Y no es de extrañar esa limitación de su referencia a uno solo de los «electoralistas» del momento, ya que cuando revisaba lo antes escrito, leía en uno de sus «Relámpagos», que el Dr. José I. Rivero, haciendo una distinción entre la actividad pública de varias personas de su mismo apellido, indica que el tercero que cita «se llama Andrés, que al igual que Márquez Sterling, se enfrentó a las urnas en vez de hacerle el juego bochornoso a la Sierra Maestra», (Diario Las

Américas, 14 de octubre de 1984), con lo que silencia también al Dr. Grau, de cuya campaña creo haber hecho reconocimiento anteriormente, citando la acogida del periódico, entonces de su dirección, el Diario de la Marina, a la misma.

Y con las francas y sentidas palabras del candidato al que se dió por triunfante, cerramos este epígrafe referente al fracaso de la tradición democrática, en Cuba, en que como el Dr. Rivero Agüero titula su citado artículo, también hemos dicho «Sólo la verdad»...

Pero, esta vez no hubo festejos, ni recepciones diplomáticas, etcétera. La situación era peor que la dejada por Machado en 1933. La desbandada era general y la lucha que costó tanto para volver a un tipo de garantías y de derechos como el obtenido al fin, con la Constitución de 1940, suspendida doce años después, y restablecida con parches y ligaduras, iban a desaparecer, como ha estimado el Dr. Rivero Agüero, ya citado, ante «nuestra inmadurez política».

* * *

Pocos días después, el gobierno se desplomaba y el pueblo aplaudía; en su conversación diaria uno podía advertir en el Dr. Grau su preocupación, mayor que antes, sobre el porvenir que cada vez se hacía más turbio y de solución más lejana.

Aún tendría diez años más de vida, llevada entre dolores físicos y morales. Cada día recibía a alguien que se despedía, cuando la situación se le hacía menos llevadera, y se disponía a seguir lo que Koestler calificara de «psicosis de fuga», mientras él se afirmaba más en su determinación de «dejar sus huesos en Cuba», como había ofrecido, y cumplió. La familia y los amigos, desaparecían unos, otros iban al exilio, y muchos a la prisión, entre éstos, sus sobrinos Polita y Ramón, cuadro desolador que soportaba con el mismo estoicismo con que sufría calladamente sus males físicos, guardando su dolor, y disimulando un estado que como médico conocía.

Ya dije antes que al Dr. Grau siempre le acompañaba un libro, que cerraba y ponía a su lado al comenzar sus diarias reuniones de los mediodías, en su despacho, o por las tardes, en el portal interior de la casa, que todos llamaban «el Patio de la Cubanidad». Esa fue una costumbre que no abandonó ni en sus momentos finales. Los libros siempre fueron de los más diversos temas, pues de él pudiera decirse lo mismo que de Terencio se dijera, o sea, «que nada de lo humano le era ajeno».

Cuando los asistentes iban escaseando y su salud iba abiertamente declinando, quedábamos pocos para la visita diaria. Alguna vez en que fui el primero en llegar, le encontré con su vista en un libro, al que ponía el marcador para indicar donde había quedado en su lectura. Hubo alguna ocasión en que advertí su cansancio y en que con su habitual delicadeza, dándome el libro, y señalándome una página, me decía «vea ésto» y yo leía varios párrafos en alta voz, hasta que me inidicaba: «bueno, basta ya» y bien entraba a hacer un comentario, o a «pasar a otro tema», recordando momentos anteriores o analizando las cuestiones candentes del momento.

Ese libro que fue el compañero silente de sus días finales, era como tal una bella joya y apreciando tal vez, que lo contemplaba con curiosidad, en una ocasión me dijo que era un regalo de una comunidad religiosa a la que había ayudado en sus tareas caritativas. Yo había oído citas del libro y hasta recordaba unos versos de Amado Nervo, que refiriéndose a su autor lo calificaba, en su elegía, de «asceta yermo». Su título: «La Imitación de Cristo»; su autor, Thomas A. Kempis. Me atrevería a afirmar que fue el de su última lectura y que lo había escogido por ser en su estado anímico, el más apropiado para seguir al autor en su empeño de encontrar la perfección espiritual entre tantos dolores físicos y morales por los que pasaba.

Así fue extinguiéndose su vida, hasta su fallecimiento en horas finales de la noche del 28 de julio de 1969. Su entierro, fijado primeramente para las cuatro de la tarde del día siguiente, fue adelantado para las nueve de la mañana, de manera que no llegara al pueblo la noticia. Pocos amigos pudimos estar presentes en ese momento; pero advertimos que sí había algunos extraños, interesados en oír lo que conversábamos entre nosotros, y que de ese modo conocieron de seguro, y apreciaron que se trataba de designar a uno de los presentes para «decir unas palabras», y vino la orden tajante de que «no se permitirían discursos». Al salir el pequeño grupo de los enterados, ni siquiera la bandera cubana podía seguir sobre su féretro, pues, como alegaron, «era una propiedad de la casa y allí debía quedar». En horas de la tarde, hubo más asistentes al cementerio que los que fuimos por la mañana a su sepelio.

* * *

No cerremos el capítulo sin decir algo del juicio que después de su muerte han expresado algunos que no fueron sus correligionarios o que siéndolo, en alguna ocasión tuvieron diferencias de criterios con él, pues su figura y su personalidad siguen en pie, y han emitido juicios al respecto. No todos lo hacen con la devoción de un viejo simpatizador; pero, es difícil hallar quien lo haga con rencor, aún habiendo estado en campos adversos. Así se expresaba, un amigo que le escribía a otro sus diferencias, y lo que vale reproducir: «Nadie—le dice—puede recordarlo con odio; Grau podría pasearse por las calles de Miami o de La Habana de Fidel, enhiesto, viejo por los años, pero no en su espíritu, y sobre todo, sin cobardía. Lo combatí, lo traté, lo aprecié y le respeté y lo quise».

Otro de quien sí puedo expresar su nombre fue Rafael Guas Inclán. Siempre observé cierta incompatibilidad entre la acción política de este viejo amigo mío, y adversario en la prueba del 54, «Felo», y el pensamiento del Dr. Grau, sin poder inquirir motivos por una elemental delicadeza. Apenas enterado Felo de mi estancia en New Rochelle, se apresuró a escribirme recordando la buena amistad mantenida entre nosotros, «a pesar de todo». Omitiendo en lo que a mí se refiere y que el afecto pudo dictar, me dice en su primera carta, «Grau con su conducta se ganó el monumento de mi admiración. Cuando escribí una serie de diez artículos sobre los Presidentes cubanos le hice un amplio elogio al reseñar sus logros; su fallas quedan para.... los iconoclastas e irrespetuosos».

Seguimos la correspondencia y poco más de un año después, me escribía: «Singular mi caso con Grau. Cuando era poderoso nunca lo admiré; al contrario, me sorprendía su misma popularidad, pero, su conducta durante estos años crueles, le ganó mi admiración, un temple especial, indomable. No mentí cuando dije que si lo viera en una boleta me costaría trabajo no votar por él. Por eso, puse de pie la enorme muchedumbre batistiana la noche del 12» (de febrero de 1972).

En un artículo de pocos días después, que tituló «El Discurso del Doce» (Diario Las Américas, del 18 de febrero) expresa que tuvo «una palabra de recordación y reverencia para el Dr. Ramón Grau San Martín, el estoico anciano que inmortalizó su nombre al resistir en su patria todas las embestidas sin quebrar el ánimo: ¡Coalicionistas, de pie conmigo, a rendirle un homenaje!»....

En relación distinta estimé siempre las del Dr. Grau, con el Dr. Santiago Rey, sin penetrar en ese aspecto por las mismas razones antes expuestas y en las que quizá, influyera la forma que el propio Dr. Rey relata en un artículo (Diario Las Américas, 11 de noviembre de 1981) con motivo del Centenario de su natalicio, cuando impugnara «las sinrazones» vertidas, acudiendo a la defensa del gobernante y del ciudadano, al que en el citado artículo proclamara «Uno de los mejores hijos, de los más sabios, de los más eminentes, de los más insignes y de los más inolvidables hijos de la patria de José Martí.... aquel líder, repite, que se había enraizado con caracteres muy hondos, en la sensible entraña afectiva del pueblo cubano».

Carlos Márquez Sterling calibra su acción, diciendo: «Como revolucionario a Grau le interesa ante todo, el pueblo; como gobernante, la libertad». (Diario Las Américas, 29 de agosto de 1981)

Y para concluir con otro testimonio de valor, Víctor Vega Ceballos, en un artículo que tituló «Anecdotario Político» (Diario Las Américas, 1ro, de mayo de 1983) termina opinando que el Dr. Grau «creía firmemente en la democracia y en que los males de ésta se curaban por medio del sufragio; de ahí su invariable afirmación 'contra las balas hay que oponer los votos'. Si le hubiéramos escuchado no estaríamos regados por el mundo, ni el comunismo detentaría el poder en Cuba».

CAPITULO VI

LA UNIVERSIDAD EN LA TRAMA....

El profesor y la cátedra — Conflictos universitarios — El ejemplo y la imitación — La autonomía — Los estudiantes y el machadismo — La depuración — La reivindicación debida

---

«...la actitud universitaria, para ser favorable al progreso de la ciencia deberá excluir en lo posible, el dogmatismo académico, tanto como situar y comprender la verdad fuera de las aulas, y promover y estimular la investigación y la renovación del conocimiento con generosa comprensión...»

Dr. Ramón Grau San Martín
(En el acto de su investidura como Doctor H.C. en la Universidad de Miami, Florida, 1949)

He titulado este capítulo final, la Universidad en la Trama, pues en la urdimbre de muchos de sus acontecimientos se encuentra siempre la figura de Ramón Grau San Martín, la que corre al par con la vida republicana. Por su apego a la misma solía decir que él únicamente había prestado servicios en dos organismos públicos: uno, en la Universidad de la Habana, primero, por concurso, como Ayudante de Botánica, y después, por oposición, como catedrático de Fisiología, y puede pensarse que fue su actuación en esa cátedra la que le llevó, al otro cargo de Presidente de la República en las dos ocasiones, ya referidas anteriormente.

Aunque la Universidad tomara un papel decisivo en la lucha de 1933, y de esa contienda saliera con matices propios el Dr. Ramón Grau San Martín, no vamos a referirnos a su labor profesoral, por sernos ajena, más propia de su biografía y de las anécdotas que se recuerdan y repiten por los que pueden darles el gracejo con que las mismas se produjeron y se cuentan. Hemos de limitarnos a la consideración de las actividades que indicamos en el título: «Estadista y Político», sin desconocer por ello que su vinculación con la cátedra fue la que le llevara a su intervención en el gobierno de la nación y más tarde, a destacarse como el más liberal y demócrata de los que ejercieron el poder en la Cuba republicana.

Pero, hay que convenir igualmente, que no puede escribirse sobre el Dr. Grau sin considerar brevemente, su paso por la Universidad, en que comenzara sus estudios, hasta su salida de ella, censurado y condenado.

Hombre de pensamiento elaborado y de bien fijados conceptos, debió tener en ella desavenencias en cuestiones académicas y sufrir exclusiones de algunos tribunales de exámenes o de oposiciones de lo que derivaba conclusiones, no muy favorables, por lo general, a la labor que a su criterio debía seguir una seria institución de enseñanza, principios que él aplicaba a la parte que le correspondía atender. Quizá, por esos juicios suyos nunca, y hasta donde recuerdo, fuera designado para ningún cargo de dirección de la Facultad y mucho menos para los de la Universidad. Era, en resumen, un catedrático responsable en lo docente, siempre con «la última» en la enseñanza, así como en los exámenes, pues pensaba que su misión era la de preparar profesionales capacitados para atender debidamente la salud de sus semejantes. De modo, que en la cátedra cubría sus funciones con criterio propio, ajustado a sus normas; quizá, chocara con los alumnos que iban mal preparados a sus pruebas y alcanzaban el suspenso merecido; pero, en toda sociedad siempre se produce un juicio superior, obtenido del promedio de hechos, favorables o adversos, de una actuación y en el caso del Dr. Grau hay que reconocer que el saldo de esa cuenta le era favorable, ya que, en 1933, cuando las aguas universitarias perdieron su nivel y las circunstancias las llevaron por curso distinto, son los estudiantes los que proponen al Dr. Grau San Martín para integrar una Pentarquía fugaz que a los pocos días se declaraba incapaz de bregar con la situación y surge, en medio de un asombro general, como Presidente provisional de la República, el que parecía en aquel momento el menos preparado para la ardua tarea de gobernar el país en el período más difícil .... (¡hasta entonces!, claro).

Yo, mero espectador de lo que ocurría, en cierto modo coincidía con la opinión generalizada sobre tal designación; pero, con juicio propio y sereno le fui apreciando calidades que debe reunir todo gobernante: la de la resistencia a los perturbadores del orden y la del concepto de la responsabilidad, que he señalado antes con algunos ejemplos: primero, porque era gobernante de una sociedad profundamente perturbada; segundo, porque el orden público es el elemento básico para mantener a la sociedad en sus tareas y tercero, porque al individuo hay que reconocerle, no sólo su papel de miembro de la sociedad, sino que también ha de dársele la oportunidad de ejercer su tan proclamada «soberanía popular», junto a su derecho de expresarse libremente sobre el desenvolvimiento del gobierno, crítica que en lo personal, respetó y protegió.

Un hecho, pues, que hay que destacar es la función de la Universidad de La Habana, en los acontecimientos republicanos; de ahí, que la consideremos cuando tratamos de la figura de su ilustre profesor, el Dr. Ramón Grau San Martín, porque cualquiera que sea la importancia del papel (y el suyo fue extraordinario) que un individuo realice en la sociedad de su tiempo, no es posible sustraerlo del medio que lo rodea y en el que se mueve y desempeña sus actividades.

La Universidad tenía, pues, un larga historia en los días en que hemos considerado la acción pública de su destacado maestro, el único de sus profesores que llegara a ocupar la Presidencia de la República y que la alcanzara en unos comicios extraordinarios.

* * *

Comencemos por exponer que antes de los fenómenos del año 33, ya se había producido en el Alma Máter una lucha mantenida entre los profesores, para dentro de las normas vigentes, discutirse el Rectorado, con modalidades de política barriotera. Tal ocurrió en 1915, al fallecer el Dr. Leopoldo Berriel, Rector por muchos años del mayor Centro docente de la República.

Entonces sólo había tres Facultades: Derecho, Medicina y Ciencias y Letras. De esta última era Decano, el Dr. Evelio Rodríguez Lendián, y de la de Medicina, el Dr. Gabriel Casuso. El primero de ellos, por ser el de mayor antigüedad en funciones, cubría en ocasiones el

Rectorado interinamente. El segundo controlaba su Facultad, que era la que contaba con el mayor número de profesores.

Al cubrirse la vacante se hizo evidente que la controversia era intensa y, como es natural, las simpatías se dividían tanto en el profesorado con voto, como entre los estudiantes sin voto, inclinados a uno u otro. Así lo hacíamos los de Derecho por el Dr. Lendián que a su capacidad como maestro, mantenía trato cordial con los alumnos a los que nos daba en ocasiones, varias otras lecciones mientras esperaba el tranvía para volver al hogar. La campaña culminó con el triunfo del Dr. Casuso, diciéndose, sin que me constara, que, incluso, se había llegado a un pacto previo mediante el cual, terminado ese primer período se elegiría al Dr. Lendián y así sucesivamente se procedería, aunque parece que el pacto no existió y el Dr. Casuso fue reelegido después. Pero, con esa lucha se puso en evidencia el comienzo de «el electoralismo corruptor en la Universidad», expresión del profesor argentino Alfredo L. Palacios, aplicable a nuestra Alma Máter.

* * *

Otro elemento, ajeno a la misma, había ocurrido en 1917, con la caída del imperio de los zares, hecho de evidente trascendencia, y como siempre es arte de la *buena* prensa brindar *buenas* informaciones, eran temas preferentes los vicios de la familia real, la influencia de Rasputín y, desde luego, los abusos de la época imperial; se aplaudía «el cambio» y en los días en que poco después el mundo entero celebraba el triunfo de la democracia, pasaba inadvertida la traición del líder ruso de la «revolución», Lenín, que en un tren sellado pasó la frontera nacional para contribuir a la derrota del país que iba a empezar a gobernar después con mano dura, como para demostrar a su pueblo y al mundo, que en el campo de la tiranía siempre hay formas de la misma más duras que las derrotadas.... El éxito se tomó sin medida por la juventud como una escuela de posibles modificaciones, cuando aún no se divulgaban los daños del nuevo sistema, sino se seguía solamente aplaudiendo la «caída de los zares»....

Aquellos años, a correr de los finales de la Guerra Europea y de comienzos de los vanos intentos de lograrse una paz universal, se vieron entremezclados con los planes de darles nuevas formas a los Estados, y de proporcionarles a sus súbditos una proclamada igualdad, caracterizada por la creación de sistemas políticos de diversos tipos.

* * *

Como otro antecedente del momento universal, de notoria influencia en Cuba, hagamos algunas menciones de un reciente estudio del Dr. José Carmelo Busaniche sobre el desarrollo de ese problema en la Argentina donde anteriormente la cuestión estuvo dirigida a crear lo que él llama «la universidad 'laboratorio', 'casa de trabajo' donde se investigue la verdad, se observe, experimente y compruebe», que era, agrega, «nuestra aspiración», según mantenía la Federación Estudiantil, en el año de 1915. En el fondo, se habían seguido antes dos líneas distintas: unos, se inspiraban en el tipo de las universidades inglesas, otros en el de las francesas; en verdad, la eterna distinción entre el sistema insular, inglés, y el continental, europeo. Pudiera agregar las consideraciones y la exposición del maestro José Ingenieros al respecto sobre la lucha anterior sostenida entre los centros de cultura regionales y una pretendida Universidad Nacional, al estilo napoleónico, de la época. Lo más que se persiguió después, fue algo como la nacionalización de las universidades, y con ello conseguir su sostenimiento como institutos bajo la dirección y dotación del Estado. No dispongo hoy de la obra del maestro Ingenieros «La Evolución de las Ideas Argentinas», de celebrada significación en los días de la segunda decena del corriente siglo, para seguirlo en la discusión, expuesta por él, sobre los puntos señalados, aunque no dejaremos de indicar que en los momentos de la revisión del sistema nacional, surgió, en 1918, en Córdoba, una verdadera revolución universitaria «en procura de una organización que les diera participación a los estudiantes en el gobierno de la Universidad y la asentara sobre nuevas bases liberales y democráticas».

De modo, que ese ejemplo, llegado a Cuba por una vía anormal, contribuyó a que entonces tomara un nuevo sesgo la cuestión y que se planteara lo que se llamó «cogobierno», o sea, la participación del estudiantado en la dirección universitaria. Y de cierta importancia para el curso posterior de los acontecimientos, fue la visita a Cuba de un profesor argentino, el Dr. José Arce, que concurría a un Congreso médico, excusándome de no poder dar datos más precisos en este caso por no disponer hoy de diversos trabajos, incluído alguno mío, en que se trataba de la influencia, bastante inmediata, de sus menciones a la *gloriosa* «revolución de Córdoba»; pero, más lamento aún no haber podido sacar de Cuba un folleto de excepcional importancia, obsequio de un viejo amigo, Federico de Torres, taquígrafo de la Cámara de Representantes. Era la versión de una reunión llevada a cabo por algún decano, y profesores y alumnos, presidida por el entonces Rector, Dr. Carlos de la Torre. Influídos, de seguro por los elogios de la revuelta de la Universidad de Córdoba, se comenzó la sesión y en ella Julio Antonio Mella, entonces líder izquierdista, después muerto en México, por motivos y grupos que aún se discuten, habló, con su peculiar estilo, emitiendo, de la Universidad y de su profesorado, conceptos tales que el Rector, D. Carlos, se puso de pie y se disponían a seguirlo, para retirarse de la reunión, los otros maestros presentes, cuando Mella volvió sobre sus pasos, o sus palabras impropias, y dió explicaciones, haciendo que las aguas volvieran a su nivel. Y en esa situación que seguía un tanto tensa, solicitó la palabra el Dr. José Varela Zequeira, distinguido catedrático de Medicina, para refutar los conceptos vertidos sobre la Universidad de Córdoba, exponiendo con elocuencia y buenas razones, lo que en realidad había sido aquel «célebre movimiento estudiantil», tildando a esa Universidad de ser un centro enclaustrado en el tiempo pasado, y que la reforma que necesitaba era la de ponerse a tono con las ideas y conceptos de la época, lo que a su juicio, no iba a lograrse con la mera participación del estudiante en el gobierno de los centros de enseñanza superior, sino todo lo contrario. Repito que la síntesis de sus conceptos, estimo, que si no en sus palabras, sí en su esencia, reproduce los argumentos de la valiente y clara exposición del expresado profesor que tenía fama, además, de ser un orador elocuente.

No es aventurado afirmar, pues, que de aquella revolución cordobesa, en Cuba, sólo se tuvo una noción vaga, mas fue, hay que reconocerlo, un aliento para los buscadores de pretextos para el mejoramiento de lo propio con el ejemplo ajeno, reclamándose el «cogobierno», por los estudiantes.

En Cuba, la situación era distinta. En 1842, la Universidad había sido secularizada, esto es, desprovista de su carácter religioso pasando a ser una institución pública. Al establecerse la República, la Constitución, por la defensa que hicieron los Dres. Berriel y Sanguily en el seno de la Asamblea, ratificó el régimen establecido por el llamado «Plan Varona» y en aquélla se reconoció finalmente (Art. 31), que la enseñanza Superior correría «a cargo del Estado, que cubrirá los gastos de todo orden, que ocasione», principio mantenido en vigencia, con autonomía o sin ella, en todo el período republicano.

* * *

En el año, de 1923, era notorio ya cierto estado de inconformidad política con el gobierno del Dr. Alfredo Zayas, de tono moderado en sus reacciones, hasta el punto de que advirtiendo en la masa estudiantil ciertas actitudes, optó por hacerse sustituir en una de las ceremonias de la apertura del curso universitario, por uno de sus Secretarios de Despacho, integrante del «gabinete de la honradez», que había designado como medio de contrarrestar la acción del Comisionado americano Mr. Enoch Crowder, más tarde Embajador de los Estados Unidos.

Las protestas del momento estaban hechas más bien por jóvenes recién graduados, deseosos de penetrar en la vida pública cubana; los estudiantes seguían la misma senda por imitación, sobre todo después de la ruidosa protesta de «los 13», escenificada en la Academia de Ciencias. En la Universidad, se marchaba sobre esas huellas y tomaba la voz cantante, el líder estudiantil de marcada tendencia comunista, Julio Antonio Mella, ya citado.

De momento, se le dió a la crisis una salida satisfactoria a los intereses en juego, sobre todo en lo referente a la elección rectoral, con la creación de la Asamblea Universitaria integrada, en partes iguales, por representaciones de los profesores, de los graduados y de los estudiantes. De tal modo, se lograba que los segundos tuvieran ocasión de romper el círculo de los intereses dominantes del profesorado; éstos, de no estar sometidos al número de los integrantes de las Facultades para decidir en el caso, y los terceros, tenían ya una participación directa en el gobierno de la Institución. Y es noble reconocer que, en efecto, sus primeras designaciones de Rectores fueron muy elaboradas y atinadas.

Pero, lo hecho no era bastante; cuando más, un pretexto para dar un nuevo paso; entonces surgió la petición de la autonomía universitaria de la que conviene decir que fue la aspiración más sostenida, aún cuando con el cambio de gobierno, en 1925, entraba a ejercer el Poder el Gral. Gerardo Machado y Morales, hombre de autoridad, que no veía con igual criterio que D. Alfredo los movimientos estudiantiles que iban intensificando su acción de ataque al régimen y de defensa de la mencionada «autonomía universitaria»...

No debe dejar de expresarse que esa práctica del «cogobierno» no duró mucho, pues durante el mandato de Machado fue suprimida y devuelto al Claustro general su papel; pero, tampoco debe silenciarse que tanto su adopción como la disolución, si bien convenían con el carácter de esos gobernantes, fueron tomadas por cada Gobierno como iniciativas de la autoridades académicas.

* * *

Pienso que no debo seguir adelante sin unas palabras sobre lo que en aquel momento se consideraba, en la doctrina, como autonomía, y cómo se la entendía y funcionaba en nuestra país. Comencemos por decir que era materia que correspondía al estudio del Derecho Administrativo, y regulada por la Ley del Poder Ejecutivo, que siguiendo el criterio muy respetable, del maestro de nuestra generación, el Dr. Enrique Hernández Cartaya, tenía establecido ya un sistema de autonomía para la Universidad de La Habana.

Dicha Ley no podía ser más explícita; en su artículo 260 decía: «La Universidad (única entonces) se gobernará en cuanto se refiere a su régimen interior por los estatutos que acuerde su Claustro general ordinario, con la aprobación del Consejo Universitario». Al entonces Secretario del ramo sólo le correspondía, según el mismo precepto, una intervención puramente administrativa, de «la alta inspección de la Universidad», para lo que existía además, una Junta de Inspectores, como auxiliar de esa tarea. Por eso, siguiendo las directrices de mi citado maestro y los conceptos del reputado profesor francés León Duguit, siempre estimé que la autonomía académica respondía a los elementos que éste le fijaba, a saber: «capacidad, responsabilidad y recursos», de los que el Presupuesto Nacional aportaba su dotación, a cambio de lo poco que se recibía en el Tesoro Nacional por el importe de las matrículas, de bajo monto; la capacidad era plena para su función docente ya que envolvía hasta la denominada «libertad de cátedra», de manera, que la responsabilidad para proceder en consecuencia, quedaba sujeta únicamente a sus mismas disposiciones estatutarias...

Así, pues, para los que estudiamos guiados por la sabia palabra del Dr. Hernández Cartaya, las definiciones legales copiadas eran de pleno reconocimiento de un régimen de autonomía, en que sus regulaciones dependían de la aplicación de otras normas legales, como, por ejemplo, la dotación de las cátedras y del personal, en los Presupuestos Nacionales, al igual que el cambio en sus asignaciones, de que pudiera dar muchos ejemplos, lo mismo que recordar que nunca el Ejecutivo trató de cambiarlas sin la conformidad de las autoridades universitarias, sino más bien accediendo a disponer, o a aprobar medidas legislativas de intereses determinados de la Institución, y que no señalo en especial para no excederme con el tratamiento de cuestiones que cualquiera un poco enterado de las mismas conocía y que por el momento nada agregan al asunto.

Vuelvo, pues, a expresar que la situación legal, era totalmente diferente a la de la Argentina, que entonces lo que debatía era más bien, alcanzar la calidad de centros dotados en el Presupuesto Nacional, y no seguir como antes lo eran algunos de ellos, con recursos propios o consignaciones provinciales o locales, en tanto en Cuba, la autonomía fue, en definitiva, un tema propio que se tomó como básico para mantener viva la inconformidad universitaria.

* * *

Mientras tanto, el tiempo corría y la Universidad mantenía, como institución, una actitud ambivalente con el gobierno, más propiamente dicho, con su titular, el Gral. Machado. Éste fue propuesto unánimemente para ser nombrado «Doctor en Derecho Público, *Honoris Causa*», e investido con el ceremonial de costumbre en un lucido acto....Su discurso parece el escrito de un eminente jurista (y así seguramente lo fue en la práctica) como el «de homenaje», a cargo del Decano de la Facultad de Derecho, el Dr. José A. del Cueto. Es de señalar que en la sesión en que el acto fuera acordado hubo un solo voto en contra, que por las atribuciones de que ha sido objeto posteriormente, debe haber sido un tanto anormal el escrutinio de los emitidos....

El paso dado con la solemne investidura de Machado, cambió cuando se conoció que aspiraba a la reelección (lo que en Cuba NO podía hacerse), que luego él complicó con la torpeza de una prórroga de poderes, evidentemente excedida en su procedimiento constitucional, generando protestas a las que impulsó con singular relieve, la de la clase estudiantil, con el planteamiento del cogobierno, o de la autonomía, a todo lo cual se unen otros elementos, que dan lugar a la sangrienta lucha que culmina con otra de las fechas de nuestras efemérides, y la que no requiere más que su cita para que el menos enterado de los cubanos, sepa de cual se trata: el 12 de agosto, en que los planteamientos de tipo docente se complicaron con los de orden nacional, contribuyendo a su agravamiento el sentido del «cesarismo democrático» de Machado, impuesto con energía. Ese proceso fija sus metas, cuando el estudiantado lanza su manifiesto del 30 de septiembre de 1930, que finalmente mereció la adhesión, el 10 de diciembre del mismo año, de las autoridades universitarias, planteándose en serio el conflicto que culminaba tres años después en la caída del régimen y la huída al exterior del Presidente, en la fecha antes citada, de 1933.

En Cuba era evidente el influjo de la teoría del cambio; la juventud estudiosa advertía defectos en la Universidad y se dedicó a tratar de corregirlos. De momento, lo que interesa es fijar que se notaba en el ambiente universitario un complejo de elementos que habrían de culminar en lo que más tarde sucedió. Y volviendo a un tema anterior conviene no omitir que en ese proceso podía observarse la influencia de las reformas debatidas en la Argentina (¡claro! con rasgos nacionalistas) en las que allá tomaron parte, los *socialistas* del momento, las asociaciones estudiantiles que bregaban por obtener un sostenimiento económico mejor para sus centros de estudio y otras cuestiones, como las que en Cuba tomaron el giro indicado.

* * *

La fuga de Machado dejaba al país en un caos. La Universidad dentro del mismo y en un mar de confusiones. Obtuvo antes, del Tribunal Supremo, el derecho a permanecer abierta, al revocarse el decreto presidencial que dispuso la suspensión de sus actividades; mas, apenas conseguido ese fallo, y coincidiendo con el fundamento de la resolución revocada, procedía por sí, a disponer de nuevo su cierre, como volvió a acordarlo en 1935, cuando ante la persistencia de un estado de perturbación interior se vió forzaba a acatar otra suspensión gubernativa en que hasta la autonomía antes obtenida, desapareció, sin volver a funcionar hasta 1937, por la ley a la que se le dió el nombre vulgar de «Ley Vasconcelos», el del mismo que antes llamara a la Universidad «La Colina Sagrada». Dicha ley le devolvió todos los derechos y facultades que primitivamente le había otorgado el Decreto del Presidente Grau, en 1933, y que luego acogió, como procedentes, la Constitución de 1940.

* * *

La autonomía universitaria era, repito, un tema básico para la «revolución del 33». Dentro del primer mes de su gobierno, el 6 de octubre, el Presidente Grau, declaró la misma en forma tal que evidentemente, y considerada en sí misma, la medida rebasaba los criterios expuestos de su concepto, al concederle algo más, o séase, lo que la doctrina denomina «patrimonialización», que consiste en dotar a una institución de determinados bienes como propios, para sus fines. De manera, que al tratarse, en 1957, del traslado de la Universidad para otros sitios en estudio, un punto que quedó aclarado mediante informes legales, fue el de que ella podía disponer del patrimonio propio, con más libertad que el Estado de los suyos, de acuerdo con la Constitución del 40.

Cabe afirmar que la autonomía declarada, primero por el Decreto citado, ratificada después por la Ley de 1937, que la restableció y, finalmente, por la citada Constitución, hizo que la Universidad mantuviera sus ingresos propios y la capacidad para hacer sus presupuestos; la función ministerial, como ya se ha expuesto, era sólo una facultad de inspección, con la del refrendo de los títulos para su validez y la posibilidad de la suspensión de sus acuerdos, de que no recuerdo caso alguno, con lo que incluso, en alguna ocasión, llegara a formularse «un voto de censura» al Presidente Grau ya que siendo profesor (con licencia) no accedió a determinado interés de un catedrático interesado en la obtención de un crédito, de que ya tratamos. Aún en el orden interior, sus autoridades tenían a su cargo el mantenimiento del mismo, y de tal modo, que en una ocasión el Presidente Grau se vió en el caso de tener que acudir a la vía judicial para la ocupación de un ómnibus secuestrado y llevado a su recinto, en tanto que en otra, el Presidente Prío tuvo necesidad de recordarle a su Consejo Universitario que el Gobierno tenía capacidad para conocer de los desórdenes interiores, ocurridos en su centro, (y que veladamente se señalaba que eran consentidos por su Gobierno), expresándole por la vía correcta, que él, como Presidente, esperaba la solicitud de sus autoridades para proceder en la forma legal, sujetándose a las disposiciones de la autonomía que regulaba esa acción. La comunicación, breve y atinada, del Sr. Presidente, quedó sin respuesta....

* * *

La situación creada alrededor del estado de su autonomía a partir de 1940, con el reconocimiento que hizo Batista de estar ajustada a la

Constitución recién comenzada a regir, y el respeto que le dieron después a sus acuerdos los Presidentes Grau y Prío, ambos influyentes, además, en la defensa del principio, le valieron a la Universidad para que desde marzo de 1952, mantuviera su Consejo Universitario, una defensa elocuente del principio de la democracia representativa, con múltiples acuerdos y resoluciones que se publicaron en su Boletín Oficial,[8] hasta que siete años más tarde, parecía arrepentido de su limpia labor anterior y solicitaba del Gobierno imperante facultades para proceder a una «depuración», después de dos anteriores, fracasadas en su intento de separar de sus cargos a todos los que habían procedido, dentro de sus filas, a defender los mismos principios tan prodigados en la fase indicada. Y es notable recordar que los primeros comprendidos en esa «depuración» fueron los Dres. Grau San Martín y Manuel Costales Latatú, que decretaron en 1933, la «autonomía», el primero de ellos, además, presidente de la Asamblea Constituyente, al igual que el Dr. Carlos Márquez Sterling, incluidos ambos en la causal de «haber sido candidatos en las elecciones de 1954 o 58», y separados de sus cargos, sanción que no nos alcanzó, en igual grado, al Dr. Rodolfo Méndez Peñate y a mí, en las mismas condiciones, por haber sido candidatos a la Vicepresidencia, y a los que sólo se nos aplicó la pena de «suspensión de un año de empleo y sueldo», aunque antes de vencerse la fecha, recibiéramos el mismo honor que aquéllos, de la separación definitiva.

En conclusión, que a la Universidad que se atribuía en los años de 1952 a 1958, el limpio papel de defensora de la democracia representativa y de la vía electoral, como medios de darle eficacia a la muy invocada «Constitución del 40», con apoyo en las Declaraciones Internacionales en defensa de los mismos principios, no le duró mucho aquel impulso, y apenas roto el curso legal, olvidaron sus «catilinarias», y sus autoridades, en un vuelco de 180 grados, cayeron del pedestal augusto de sus honores, al de serviles de la tiranía imperante...

Alrededor de la resolución expresada, volvió a surgir otra de sus reacciones. Durante su acostumbrada reunión de los mediodías, el Dr. Grau recibió el sobre que contenía su sentencia de expulsión; me pidió que la leyera en alta voz; era muy breve. Alguien entre los presentes, le preguntó sobre lo que haría y él le dijo; «ponerla en un marco, para que se vea bien por todos» y como un símbolo de los nuevos tiempos, agregó: «ya que para que pudieran expulsarme de ella yo le dí la autonomía a la Universidad».... Pocos días después uno de los presentes que se había ofrecido para el trabajo, le devolvió la comunicación ya en su cuadro y, en efecto, desde entonces figuró en la pared, encima del sitio que él acostumbraba a ocupar en el sofá, desde donde presidía aquellas tertulias....

* * *

Al recordarlo hoy, reviso mi pensamiento y lo dirijo a la «Colina Sagrada». Fue la Universidad su amor; a ella consagró sus mejores esfuerzos; le dió la más amplia autonomía en los breves días de su gobierno, en 1933; fue en ella, en su Aula Magna, en el Discurso de Apertura del curso 1926, en el que planteara las perspectivas de las reformas sociales, que dictara después durante ese período provisional, en que actuaba de prisa ante los embates de los que no se acostumbraban conque fuera un profesor de Fisiología, o un «filósofo de la biología», como a sí mismo se calificara en alguna ocasión, el que encauzara el desborde de las pasiones y diera el ejemplo de dejar el paso voluntariamente, a otros que ensayarían, en el fondo tratando de imitarlo, sin conseguir con su acción borrar la profunda huella que con su breve actuación, sembrara en el surco de la Patria. Grau logró lo que según Castelar, él había intentado conseguir, «transformar un partido de revolucionario en un partido evolucionista» y democrático, agrego yo.

* * *

Alguna vez le oí decir que así como a Unamuno, el gran humanista, «le dolía España», a él le «dolía la Universidad»; contaba algunas experiencias vividas en su seno, desde sus días de estudiante a los de gobernante nacional, salido de sus aulas para las responsabilidades del Poder. En el ejercicio de éste nunca olvidó al Alma Máter. Sin embargo, nunca tampoco mezcló su simpatía de universitario con los deberes de su cargo, por lo que no postergó los de éste ante peticiones que las leyes y su buen sentido ordenaban proceder en contrario.

Cuando ocupó la Presidencia, en 1933, al igual que cuando después volvió a la misma, por el voto incontrastable de sus conciudadanos, eligió a algunos de sus compañeros para posiciones en el Gabinete, sin dejar de preocuparse por la marcha de la misma, y continuando, incluso, manteniendo relaciones con otros profesores para seguir desde su alta posición, interesado en el adelanto de la ciencia.

Pero, sin manifestarlo, era fácil advertir que nunca volvería a su cátedra después de la censura de sus compañeros de la Facultad.

A su muerte, era, pues, un ex-Presidente y un ex-Profesor; pero seguía siendo, como lo calificara el periodista Gastón Baquero, «el hombre que no se fue». Sus restos descansan hoy en Cuba, gloria que, por lo general, les ha sido negada, en «Nuestra América», a sus grandes héroes, al igual que a sus tiranos y dictadores, aunque con alguna diferencia, pues a pesar de esa igualdad, los primeros han vuelto a la Patria en féretros de honor y recibido la reivindicación de sus conciudadanos, erigiéndoseles después estatuas, monumentos o bustos, o dándoles sus nombres a plazas, calles o ciudades; los segundos, siguen execrados a través del tiempo, sepultados en tierras ajenas.

* * *

El momento actual no es el más adecuado para una revisión histórica. Quizá sea la suya una de las más necesarias y merecidas, de parte de sus compañeros, y cuando la Universidad de la Habana vuelva a ser lo que era, no será extraño que en su obra de reparación de agravios, se recuerde a aquel Maestro que fue el único de sus profesores en ocupar la Primera Magistratura de la Nación, el único que volvió a ella por el voto legítimo de su pueblo, y en ese recuento de sus viejos valores, al pasarse lista de sus grandes maestros, ha de notarse la falta del que tenía tantos méritos para no estar omitido en ese pase de lista... Entonces, si quedara un mínimo sentimiento de decoro, no ha de negársele al ilustre desaparecido, cuando menos, un modesto busto en que se esculpan idénticas palabras a las que la Academia Francesa, al advertir la falta en sus filas, de un gran ausente, Molière, pusiera en su pedestal:

«*Nada falta a su gloria; pero él falta a la nuestra*».

FIN

NOTAS

1. El Decálogo auténtico lo fue formando el Dr. Grau paulatinamente, como manera de sinterizar, en breves apígrafes, los puntos básicos de su pensamiento político y social. Los mismos son los diez siguientes:

   1. La Cubanidad es amor
   2. Gobernar es distribuir
   3. Soberanía del voto popular
   4. Libertad democrática
   5. Derecho al trabajo
   6. Salario integral
   7. Poder de compra generalizado
   8. Cinco pesos en el bolsillo
   9. Las mujeres mandan
   10. Dulce para todos

   Algunos de ellos se citan en el texto, para abonar las tesis expuestas.
2. El Futuro ha Comenzado, por Robert Jungk (traducción), Madrid, 1953).
3. Véase páginas 58 y siguientes.
4. Véase página 70.
5. Véase página 80.
6. Para facilitar el conocimiento del precepto legal, básico del informe rendido, se transcribe el artículo VIII del Decreto-Ley, 706, de 30 de marzo de 1936, que dice así: «*Todas* las instituciones *oficiales* o privadas, que se hallen organizadas a la promulgación de este Decreto-Ley para la *prevención o tratamiento* de la tuberculosis, quedarán bajo la dirección y administración del Consejo Nacional de Tuberculosis y *no podrá establecerse ninguna otra* de esa índole *sin la previa autorización* de este Consejo, quedando en todo caso bajo su control». (Lo subrayado es para darle énfasis a lo expuesto).
7. En una entrevista, publicada en la revista «Excelsior», de México, el Gral. Fulgencio Batista, sobre el mismo asunto expuesto por Ferrara, dijo: «Renuncié porque ya había descontrol y anarquía en todo el territorio nacional a causa del terrorismo estimulado y ayudado poderosamente desde fuera. Faltaban pocos días para que terminara mi período presidencial, cuando el Embajador norteamericano en Cuba, mister Earl T. Smith, me comunicó que su gobierno no reconocería al nuevo Presidente electo, el que tomaría posesión el 24 de febrero, o sea, 54 días después de mi renuncia». («Defensa Institucional Cubana», septiembre de 1972, año X, No. 126, pagina 7). Al

fallecer Batista no siguió publicándose en ella el libro suyo «Respuesta», del que se indicaba para el mes de agosto de 1973, la reproducción del capítulo referente al «anuncio de la entrevista». Dicha publicación dejó de aparecer a partir del citado año de 1973.

8. Los acuerdos referidos hube de incluirlos, en la parte pertinente, en mi folleto «La Autonomía Funcional y la Depuración del Profesorado de la Universidad de La Habana», contentivo de mi defensa, frente a la acusación que me fue hecha por un subalterno de Palacio. Los mencionados acuerdos van desde el primero de ellos, de 22 de marzo de 1952, publicado en el Diario de la Marina (edición del 23) y los demás, referentes a la cuestión planteada, hasta el de 29 de octubre de 1958, unos 30 en total, que fueron tomados para su cita del Boletín Oficial Universitario, indicándose en cada caso, la fecha del Acuerdo y la página del mismo en que aparece; los extractos de ellos ocupan las páginas de la 29 a la 38 del citado folleto.

INDICE DE NOMBRES PROPIOS

(Personas, autores y referencias)

(En esta relación no se indican las menciones hechas al Dr. Ramón Grau San Martín, ya que siendo una obra dedicada a su acción como gobernante y como político, su nombre está presente en cada una de sus páginas).

A

Acheson, Dean G.: 62
Agramonte, Roberto: 124
Alberdi, Juan B.: 92
Alberni, José: 57
Alvariño, Jesús: 18
Alfaro, Ricardo J.: 64
Arce, José: 139
Arias, Arnulfo: 111
Avendaño, Adriano: 57
Azaña, Manuel: 23

B

Balaguer, Joaquín: 111
Balbuena, Pablo: 123
Balfour (Fórmula): 62
Baquero, Gastón: 148
Barnet, José A.: 35, 111
Batista, Fulgencio: 23, 26, 29, 30, 42, 43, 45, 60, 109, 110, 111, 112, 113, 117, 119, 123, 145, 149, n7, 150, n7
Becerra, Humberto: 116
Belt, Guillermo: 59, 60, 62, 127

Benavente, Jacinto: 24, 73
Benítez, Manuel: 116
Bentham, Benjamín: 25
Bergson, Henri: 24, 120
Berriel, Leopoldo: 137, 140
Boldwer, William: 127
Borrell Navarro, Eduardo: 109, 110
Bryce, James (Lord): 112
Burgueois, Leon: 21
Busaniche, José Carmelo: 139

C

Caldwell, Mr.: 127
Cambó, Angel: 116
Capablanca, Ramiro: 48
Carbó, Sergio: 29
Cárdenas, Raúl de: 48
Castanedo, Conchita: 44
Castelar, Emilio: 147
Castro, Fidel: 124, 130, 133
Casuso, Gabriel: 137, 138
Céspedes, Carlos M. de: 15, 28, 111
Chase, Carlos: 127
Chávez Milanés, Francisco: 57
Chibás, Eduardo (Eddy): 44, 45, 78, 79, 121
Clark, Sergio I.: 65, 76
Cleveland, Grover: 53
Coolidge, Calvin: 71
Cortina, José M.: 52
Costales Latatú, Manuel: 146
Coteya (sirviente): 14
Crowder, Enoch H.: 141
Cruz, Carlos E. de la: 94
Cuervo Rubio, Gustavo: 48, 61, 112
Cueto, José Antolín del: 143

D

Dana Montaño, Salvador M.: 36

Dante Allighieri: 121
Díaz Robaina, Regino: 122
Dihigo, Ernesto: 58, 60, 64
Dodds, Harold W.: 35
Domingo, Andrés: 119
Dorta Duque, Manuel: 48
Duguit, Leon: 142
Duval, Ricardo R.: 57

E

Eisenhower, Dwight: 24
Esquirol (doctor): 100
Esténger, Rafael: 30
Estrada Palma, Tomás: 26

F

Fernández Shaw, Félix: 59
Ferrara, Orestes: 22, 33, 44, 128
Ferrero, Guillermo: 19, 61
Figueres, José: 125
Fonseca, Luis F.: 126
Forrestal, James V.: 62
Franca, Porfirio: 29
Franco, Francisco: 86

G

García Sifredo, Armando: 21
Gómez, José M.: 22, 26, 80
Gómez, Miguel Mariano: 35, 36, 37, 111, 112
González Lanuza, José A.: 22, 37
González Muñoz, Rafael P.: 60
Grau Alsina, Leopoldina (Polita): 131
Grau Alsina, Ramón (Ramoncito): 14, 131
Grimke, Federico: 56
Guas Inclán, Rafael: 133
Güell, Gonzalo: 125
Gutiérrez, Gustavo: 61

Gutiérrez, Viriato, (Playa): 79
Guttenberg, de Maguncia: 120

H

Hernández Bauzá, Miguel: 7, 47, 114, 116, 123, 127
Hernández Cartaya, Enrique: 38, 142
Hernández Tellaeche, (Arturito): 22
Herrera, Alberto: 28
Hevia, Carlos: 32, 33, 111
Hull, Cordell: 34, 88

I

Ingenieros, José: 139
Irizarri, José Miguel: 29

J

Jungk, Robert: 149, n2

K

Kempis, Thomas A.: 132
Koestler, Robert: 131

L

Lancís, Félix: 47, 52, 104, 123
Laredo Brú, Federico: 36, 37, 54, 111
Lassalle, Fernando: 92
Lenin, Nicolás: 138
Linares, Ricardo: 8, 21, 22, 60, 85, 114
Linares, Segundo V.: 44
Lincoln, Abraham: 24
Llaca Argudín, Francisco: 46, 48
Ludwig, Emil: 45, 110
Lumen, Enrique: 31
Luz Caballero, José de la: 20

M

Machado, Gerardo: 13, 22, 27, 29, 36, 112, 141, 142, 143, 144
Machado, Luis: 48
Manduley del Río, Rafael: 22
Mañas, Arturo: 87
Márquez Sterling, Carlos: 64, 121, 123, 130, 134, 146
Márquez Sterling, Manuel: 35
Martí, José: 46, 47, 53, 71, 87, 94, 104, 113, 116, 134
Martínez Márquez, Guillermo: 8, 10
Martínez Trueba, Félix: 104
Meier, Golda: 77
Mella, Julio A.: 69, 140, 141
Meller, Raquel: 24
Méndez Peñate, Rodolfo: 146
Menció, Carlos E.: 105
Mendieta, Carlos: 32, 33, 34, 35, 111
Menocal, Mario G.: 22, 26, 33, 112
Milanés, José A.: 8
Mirándola, Pico de la: 72
Mirkine-Guetzevitch: 41
Miró Cardona, José: 105
Moliere: 148
Monroe (Doctrinada): 111
Muñoz, Cristóbal: 8

N

Navarro, José: 8
Nervo, Amado: 132
Nitti, Francesco: 43
Nixon, Richard M.: 33

O

Olba Benito, Miguel A.: 118, 121, 123

P

Palacio, Alfredo L.: 138

Pardo Llada, José: 70
Parlá, Agustín: 96, 97, 98
Pedraza, José E.: 70
Peña, Lucilo de la, (Playa): 79
Pérez Dámera, Gonovevo: 66
Pérez Téllez, Emma: 20
Pirandello, Luigi: 60
Platt, Orville H. (Enmienda): 34, 127
Portela, Guillermo: 29
Prío Socarrás, Antonio: 23
Prío Socarrás, Carlos: 8, 21, 23, 36, 47, 54, 74, 104, 105, 109, 111, 145, 147
Prío Socarrás, Francisco, (Paco): 23
Puente, Orlando: 8

Q

Quevedo, Miguel A.: 124

R

Ramos, Domingo: 14
Rasputin: 138
Remos, Ariel: 71
Rey, Santiago: 96, 133, 134
Riera, Mario: 122
Rivero Agüero, Andrés: 130, 131
Rivero, José I.: 130
Rodríguez Lendián, Evelio: 137, 138
Roosevelt, Franklin D.: 51
Rosell, Rosendo: 22, 81
Ruiz del Viso, Hortensia: 52

S

Saco, José A.: 19
Saladrigas, Carlos: 45
Sánchez Albornoz, Claudio: 23
Sánchez, Luis Alberto: 92
Sánchez Pessino, Mario: 58

Sánchez Roig, Mario: 83
Sanguily, Manuel: 140
Sapir, Pinhas: 77
Saquito, Ñico: 19
Sarmiento, Domingo F.: 92, 112
Schuman, Robert: 62
Smith, Earl T.: 150, n7
Solórzano, Julián de: 8, 48, 72, 94
Stanfield, Boris: 18
Stevenson, Adlai: 24
Suárez Lomba, Armando: 118
Suárez Rivas, Eduardo: 21, 22, 117, 119, 124, 129
Supervielle, Manuel F.: 46, 48, 57, 76

T

Taine, Hipólito: 100
Terencio, Publio: 131
Tocqueville, Alexis de: 112
Topping, Mr.: 127
Torre, Carlos de la: 140
Torres, Federico de: 140
Torriente, Cosme de la, (D. Cosme): 56, 70, 123, 124, 129
Torriente, Ricardo de la: 80
Trujillo (La Era de): 111
Truman, Henry S.: 59, 62, 84, 85

U

Unamuno, Miguel de: 147
Urquiaga, Carmelo: 109
Uris, Leon: 62

V

Valle Inclán, Ramón: 120
Varela Zequeira, José: 140
Varona, Enrique J. Varona (Plan): 140
Varona, Manuel A. de: 47, 123
Vasconcelos, Ramón: 44, 144

Veale, F.J.P.: 64
Vega Ceballos, Víctor: 23, 110, 134
Villa, Alvaro de: 22
Villuendas, Enrique: 33

W

Welles, Benjamin S.: 27
Wilson, Thomas W.: 13

Z

Zayas, Alfredo: 33, 42, 141
Zweig, Stefan: 18

BIBLIOGRAFÍA DEL AUTOR
(*Publicaciones y ensayos*)

Ensayos de Derecho Administrativo, 1er. curso (en colaboración con el Dr. Joaquín Martínez Sáenz), Prólogo del Dr. Rafael Guas Inclán, 1922 (*Medalla de Oro en la Exposición de Sevilla*, España, 1930).
Sumarios de las Lecciones de Derecho Administrativo, (recopilados por Juan Antonio Mendoza), Habana, 1925.
La cinematografía y sus problemas legales, (Conferencia en el Club Rotario de La Habana), 1925.
Notas de Derecho Administrativo, 2do. curso (versión taquigráfica de Aurelio Espinosa), 1928.
El Sentido de la Responsabilidad en el Ejercicio del Sufragio. (*Premiado en los Juegos Florales del Cincuentenario de la Sociedad «El Progreso», de Santi Spíritu*. Las Villas), 1934.
Las Conclusiones de la Legislación Revolucionaria y el Derecho Administrativo. (Conferencia en la Escuela Privada de Derecho), 1935.
El Sufragio Familiar. (Conferencia en la Sociedad Italo-Cubana de Cultura), 1935.
Sobre el Problema Constitucional Cubano, (Conferencia en la Escuela Privada de Derecho), 1936.
Programa para las oposiciones a la Cátedra de Derecho Administrativo, 2do. curso. (inédito), 1938.
La renuncia de los cargos públicos, 1939.
Conferencias de Derecho Administrativo, 2do. curso, (versión mimeográfica), 1939.
La Constituyente y la Materia Electoral, 1940.
La Libertad de Enseñanza: Su formulación constitucional y régimen administrativo), 1940.
Programas de la Cátedra «G» (Derecho Administrativo, 2do. curso y Legislación Electoral) para el curso de 1941 a 1942, 1941.
*Derecho Administrativo: La actividad administrativa y sus manifestaciones, 1ra. edición, 1942.
Los Partidos Políticos en la Constitución vigente, 1942.
Noción Constitucional de los Servicios Públicos Locales, 1943.
El Recurso de Alzada ante el Presidente de la República (en colaboración con el Dr. Edmundo Estrada), Prólogo del Dr. Mariano Sánchez Roca, 1944.
Derecho Administrativo: La actividad administrativo y sus manifestaciones, 2da. edición, Estudio Preliminar del Dr. Rafael Santos Jiménez, (*Premio Nacional «Angel C. Betancourt»*, 1945).
Elementos de Legislación Electoral, (versión mimeográfica), 1946.
Anteproyecto de la Ley de Oficios Públicos (Ponencia), 1944.
Legislación Orgánica del Poder Ejecutivo. Prólogo del Dr. Enrique Hernández Cartaya, (*Premio Nacional «Angel C. Betancourt»*, 1947).
Introducción al Estudio de las Ciencias Sociales y del Derecho Público. (Versión mimeográfica), 1948.
La Primera obra cubana de Derecho Administrativo, 1950.
Legislación Orgánica del Poder Ejecutivo, concordada con las leyes orgánicas de los Presupuestos y del Tribunal de Cuentas y la General de Contabilidad. (Apéndice I), 1951.
Competencia municipal para préstamos públicos, (Ponencia), 1947.
El Recurso de Alzada ante el Presidente de la República, (En colaboración con el Dr. Edmundo Estrada), 2da. edición. (*Premio Nacional «Angel C. Betancourt»*, 1951).

Organización y Estructura de los muncipios en la Actualidad; Aspectos sociales y jurídicos, 1951.
Derecho Administrativo: La actividad administrativa y sus manifestaciones, 3ra. edición, 1952.
Elecciones y administración en la República (1902-1952), 1952.
Elementos de Derecho y organización electoral, (versión mimeográfica), 1952.
Fundamento Universal del Derecho Electoral, 1953.
Lo electoral en Martí: Espectáculo y ansia, 1953.
Elementos de Derecho Electoral, 1954.
Cuestiones universitarias, 1954.
* El Proceso Electoral de 1954, 1955.
* El Reordenamiento Constitucional de las Magistraturas del Estado (Dos discursos en el «Diálogo Cívico»), 1956.
* La Zona Marítmo-terrestre: su naturaleza y alcance, 1956.
* Los Principios básicos del Derecho Electoral Contemporáneo (Curso en la Academia Interamericana de Derecho Comparado e Internacional), 1957.
Posibilidades Estructurales de Superación Política (Lección en la «Universidad del Aire», C.M.Q.), 1957.
Los Vicepresidentes de la República, 1957.
* D. Cosme.... (Una vida al servicio de la Patria, de la Cultura y de la Cordialidad), 1958.
Personalidad del Dr. Otto Schoenrich (Discurso en el acto de su investidura de «Doctor, Honoris Cansa»), 1957.
* La autonomía funcional y la Depuración del Profesorado de la Universidad de La Habana, 1959.
Salvador M. Dana Montaño (jurista, historiador, catedrático y magistrado). Bahía Blanca, Argentina, 1972.
** Crisis de la Democracia Representativa (Evolución Constitucional americana) Caracas, Venezuela, 1975.
Federalismo Político y Centralización Administrativa (Consideraciones sobre el régimen de gobierno norteamericano), 1977.
Los Derechos Humanos. (Consideraciones críticas sobre su concepto y evolución), 1978.
Seguridad y Derecho. (Remembranzas y comparaciones), 1979.
La Legislación y los Procesos Electorales, 1981.
La Huelga y el Contrato de Trabajo, 1983.
La Tradición democrática Cubana y su Futuro. (*Premio «Ramiro Collazo», del Club de Leones Cubanos, en el Exilio*), Miami, Florida, U.S.A., 1982.
La democracia, el caudillismo y el imperialismo en nuestros días. (*Accésit en el Concurso «Ramiro Collazo», del Club de Leones Cubanos, en el Exilio*), Miami, Florida, U.S.A., 1983.

(*) Los marcados al margen han sido citados en el texto, para brindar antecedentes complementarios de lo expuesto.
(**) Este y los cinco ensayos que le siguen han sido publicados en el Boletín de la Academia de Ciencias Políticas y Sociales, Caracas, Venezuela, en los años indicados.